# 한 눈으로 보는 성경

## 신구약성경 관통

성 경
6 6 권
메 시 지 와
분 해

| **정봉기** 지음 |

모든 인생의 답은 그리스도
그리스도인의 답은 제자
여기에 답이 있다!

쿰란출판사

# 출간하면서

사도 요한은, 예수님이 하신 말씀이 낱낱이 기록된다면 이 세상이라도 이 기록된 책을 두기에 부족하리라고 고백한다(요 21:25). 정말 성경에 대한 이해는 평생을 투자하여도 부족할 것이다. 따라서 우리가 하나님의 사역을 수종 드는 교역자나 교사로 여러 성도들에게 단시간에 필요한 내용을 전하려면 지식의 부족을 겪게 된다. 이러한 문제에 도움을 주고자 하는 마음에서 본 교재를 출간하게 되었다.

주지하다시피 '바이블' (*βιβλε*)은 책, 서적들이란 뜻으로 쓰는 희랍어 '비블로스' (βιβλος)에서 유래되었다. 성경 속에는 새 언약, 즉 예수님이 오신 이후 기록된 신약이 있고, 예수님이 오시기 이전에 기록된 구약이 있다.[1)]

---

1) 각 성경은 서로가 서로를 증거하고 있다. 구약에 대하여 신약은 고린도후서 3장 14절에 'παλαια διαθηκη' (Old Covenant)이라고 되어 있고, 신약에 대하여 구약은 여레미야 31장 31절에서 'בְּרִתִי הָרָשָׁה' (New Covenant)라고 되어 있다.

그렇다면 성경은 어떻게 쓰였는가?

하나님이 여러 사람, 여러 기관, 여러 제도를 통하여 말씀하셨다(히 1:1). 그리고 하나님이 특별한 사람에게 명령하여 기록하게 하셨다(출 17:14). 또한 하나님께서 직접 쓰기도 하셨다(출 31:18).

이 모든 것을 모아서 엮어낸 것이 성경이다. 따라서 성경은 그것을 엮은 사람은 여러 명일지라도 결과적으로 곧 하나님의 말씀이며 그 내용은 하나님에 대한 것이다.

성경의 목적은 "구원을 위하여"(요 20:30-31) 그리고 "교육을 위하여"(딤후 3:16-17)라고 되어 있다. 그러므로 성경을 조감하면 분량은 66권(구약 39권, 신약 27권)이며 언어는 히브리어와 헬라어 그리고 코이네와 아람어 등이 사용되었다. 그리고 1,600여 년 동안 기록되어(BC 1500년경 모세부터 AD 100년 요한에 이르기까지) 2,930여 명의 인물이 등장하며 1,551곳의 지리적 영역이 언급된다.

## 예수 그리스도는 성경 각 부문의 주제

신약은 그 비밀이 감추어진 구약 안에 있고, 구약은 하나님께서 인간에게 나타내시고자 하는 뜻이 분명하게 나타난 신약 안에 있다. 구약이 예수 그리스도에 대하여 암시적으로 내포하고 있는 것을 신약은 명백하게 설명하고 있다. 왜냐하면 구약에서 그 뜻이 숨겨져 모호하던 진리가 신약에 와서 명백하게 드러났기 때문이다.

구약의 도덕적 계율은 신약에 이르러 그리스도에 의해 완전케 되었다(참조. 마 5:17). 구약이 예표한 것을 신약의 예수 그리스도께서 성취하셨다(히 10:1). 예수 그리스도의 모형인 제사와 일체의 의식들은 예수 그리스도의 성육신과 희생으로 인하여 모두 완성되었고 따라서 의식은 모두 철폐되었다(골 2:17). 구약의 상징과 의식들은 신약의 진리를 보충하는 그림자가 되어 우리를 예수 그리스도께로 인도하는 몽학선생 역할을 한다.

예수 그리스도에 관한 구약의 많은 예언들은 신약의 그리스도 안에서 모두 성취되었다(참조. 사 7:14; 미 5:2). 이것이 중요하다(히 9장).

예수 그리스도는 구약에서 종종 일시적으로 전(前) 성육신의 형태로 나타나셨으나(창 16장; 출 3장; 수 5장), 신약에서는 영원한 성육신의 모습으로 나타나셨다(요 1:14). 구약에서 하나님은 율법을 통하여 자신을 나타내 보여 주셨으나, 신약에서는 독생자 예수 그리스도의 삶 자체에서 보여 주셨다. 구약의 계시는 하나의 상징이었으나, 신약에서 하나님은 독생자 예수 그리스도를 통하여 직접 말씀해 주셨다(히 1:1-2).

요컨대 구약에서의 구원 약속은 신약에 이르러 그리스도의 성육으로 성취되었다(마 1:21). 신구약 성경이 지니는 주제의 통일은 바로 예수 그리스도이시다. 구약이 그리스도의 대망을 그 내용으로 하고 있다면, 신약은 그 대망이 그리스도 안에서 성취되었음을 증거한 기록이라 할 수 있다.

그러므로 우리가 성경을 연구하고 또 가르치려고 할 때 중요한 것은 성경의 주제를 관통하고 또 각각의 구절들을 이해하고자 할 때 숲을 보고 나무를 보는 훈련을 쌓는 것이다. 그러한 맥락에서 성경의 개론을 공부해야 한다. 이러한 이유에서 보다 쉽게 신구약의 개론을 이해하고 각각의 장과 구절들을 이해할 수 있는 토대를 제공하는 데 본서의 집필 목적이 있다.

2012년 7월 10일<br>정봉기

# C O N T E N T S

성경 66권 메시지와 분해

**한눈으로 보는 성경**

# 들어가는 말

1 구약(舊約)의 산맥(山脈)과 신약(新約)의 조명(照明)에 대하여

2 신약 성경이 정경이 되기까지

3 신약 정경 결정 원리

# 1 구약(舊約)의 산맥(山脈)과 신약(新約)의 조명(照明)에 대하여

본서의 중요한 집필 동기는 성경의 숲을 보게 한 후 나무를 보게 하는 것이다. 숲은 산을 중심으로 펼쳐진다. 또한 산은 거대한 한 산맥의 작은 줄기에 불과하다. 그러하다면 먼저 산맥에 대하여 이야기함이 옳을 것이다. 본 장은 흔히 서론으로 불리는 장이다. 하지만 서론이라고 밋밋하게 이야기하기보다 산맥을 이야기함이 본 교재의 전체적인 의미를 파악하는 데에 유용하지 않을까 한다.

신약성경의 저자들은 구약성경을 "다양하나 통일된 한 권의 책"(a single composite whole, 즉 Scripture)으로 보았다. 즉 산맥의 중요한 맥(脈)이 예수 그리스도라는 것이다. 구약이 비록 하나님의 무오한 지도하에서 하나님의 진리를 인간 저자들을 매개로 하여 쓴 것이지만, 궁극적으로는 하나님 자신이 저자가 된다고 그들은 보았다(갈 3:8; 벧후 1:20).

영감을 받은 사도들은 히브리어 성경의 저자가 되신 하나님의 의도를 중요시하였다. 신약 저자들은 전(全) 히브리어 성경을 예수 그리스도에 대한 증거로 보았다. 일반적으로 우리는 구약성경은 성취를 위한 준비요, 신약성경은 그 성취라고 말한다. 구약은 씨앗이요, 신약은 그 영광스런 결실이다. 참으로 나사렛 예수께서 구약이 예언한 것을 성취하셨기 때문에 그의 생애와 행위는 절대적 권위를 지닌다. 구약성경은 예수와 그의 교회가 섭리적 존재이며 하나님의 목적을 실현한 것으로 증거하고 있다. 신약성경은 히브리어 성경이 하나님의 위대한 주제에 초점을 맞추고 하나의 구원 계획을 전시하는 일관성 있고 통일성 있는 유기체임을 증명하고 있다.

### 1) 성경의 산맥과 구약의 숲에 대한 안내

구약성경을 읽기는 많이 읽었지만 그 뜻을 바르게 알 수 있는 방법을 익히지 못한 사람들이 있는가 하면, 구약학을 많이 배웠는데 정작 구약성경은 모르는 사람들도 있다. 이런 상황 가운데서, 구약개론이 구약성경을 이해하는 데 어떻게 도움이 될 수 있을까? 구약학을 깊이 배우면 배울수록 구약성경을 더 잘 모르게 된다는 불평을 하는 성도들에게 그것이 그렇지 않다는 것을 설득력 있게 말하려면 어떻게 해야 할 것인가? 그러한 실존적인 문제를 의식하면서 나무(성경 본문)를 보게 하자면 성경의 맥(구약학 개관)을 이해시키는 것이 중요하다고 생각했다. 그래서 구체적으로 세 가지를 생각했다.

먼저, 요즈음 신학도나 성도들은 구약성경 자체를 잘 모른다는 느낌을 강하게 받았기 때문에, 구약성경에 대해 가르치기에 앞서 구약성경의 내용 자체를 잘 안내할 필요가 있다고 생각했다. 그리하여 구약 본문 개관을 구약학 연구의 전제로 삼았다.

다음으로, 성경개론을 배우는 목적은 결국 신구약 본문을 바르게 이해하고 풀이해서 잘 가르치고 실천하는 데 있다고 보았다. 따라서, 어떻게 하면 객관성 있게 본문의 뜻을 이해하고 설교를 들을 수 있을까 하는 데 초점을 맞추었다.

### 2) 숲(구약개론)의 역사

여기서 말하는 숲이란 각각의 성경으로 되어 있는 성경의 대략적인 개관을 말한다. 우리말 큰 사전에서는 '개론' 이라는 낱말을 '개략적으로 서술한 내용, 또는 그 책' 이라고 풀이한다. 우리말 '개론' 에 상당하는 영어 'introduction' 이나 독일어 'Einleitung' 은 헬라어 '에이스아고게' 로 거슬러 올라가는데, 그 뜻은 '안으로 이끌어 들인다' , '안내한다' , '입문(入門)시킨다' 이다. 개론이란 말을 성경 연구에서 제일 먼저 사용한 사람은 아마 주후 440년 경에 죽은 안디옥파 수도승인 아드리안(Adrian)이 아닐까 한다.[2)]

그렇다면 구약개론은 구약성경 안으로 이끌어 들이는 학문 분야라고 할 수 있다. 이런 개론이 필요한 것은 구약성경과 오늘날 독자 사이에 시간적, 지리적, 사상적, 문화적인 거리가 너무 크기 때문이다.

구약개론이란 '히브리어 성경과 그 각 책들의 역사적인 생성에 관한 학문' 분야이다. 바로 앞에서 든 가상적인 보기와 관련시켜 말한다면, 구약성경을 처음 읽으면서 할 수 있는 생각, 곧 "도대체 이

---

2) 그는 "성경개론"을 기록해 성경의 언어와 표현 등을 다루었는데 아드리안의 책의 이름은 《성경총론》(*εἰσαγωγὴ εἰς τας Θειας Γραφάς*)으로 주후 425년에 기록되었다.

복잡하고 어려운 책이 어떻게 생겨났을까? 한 사람이 다 쓴 것일까? 아니면 여러 사람이 나누어 쓴 것일까? 언제 쓴 것일까?" 하는 따위의 물음에 대한 답을 찾는 학문 분야가 구약개론이라 할 수 있다.

오래 전 먼 나라에서 생긴 문서의 부분 부분을 제대로 이해하자면, 그 전체의 얼개와 중요한 내용, 지은이, 생겨난 때 등을 아는 것이 좋다. 달리 말하자면, 누가 언제 어떤 상황에서 왜 썼는지를 알면 그 부분 부분을 바로 이해할 수 있다. 이를테면 적어도 역대기상 · 하는 레위 지파 계열의 성전 음악가들이 유다 왕국이 사라진 포로기 이후 시대에 예루살렘 예배를 중심으로 민족의 일체성을 보존하기 위해 다윗 왕조의 정통성과 예배의 중요성을 강조하는 식으로 이스라엘 역사를 새로 해석하여 썼다. 역대기상 · 하에 다윗에 대한 부정적인 내용이 빠진 점이나 성전찬양대 등에 대해 자세히 다룬 것도 이런 관점에서 이해할 수 있다. 이처럼 구약 성경의 어떤 본문의 뜻을 바르게 이해하려고 할 때에는 그 본문이 들어 있는 책의 기본 특성에 대해, 더 나아가서 구약 전체에서 그 본문이나 그 책이 차지하는 자리에 대해 잘 알아볼 필요가 있다.

개신교 구약성경의 경우, 정경의 범위는 히브리어 성경을 따르고, 그 각 책의 배열 순서의 틀은 주전 3세기 이후 수백 년에 걸쳐 생긴 헬라어 성경(칠십인경)의 순서를 따르는데, 이는 종교개혁의 전통에서 비롯되었다. 이리하여 개신교 구약성경과 히브리어 성경의 차이는 결국 정경을 이루는 각 책의 배열 순서에서 생기게 되었다.

사실 성경을 알지 못하면 한 인간의 교육이 완성된다고 볼 수 없다. 믿는 사람이 성경의 진리를 깨닫지 못할 때, 하나님께서 원하시는 충만한 생활을 영위할 수가 없는 것이다.

성경은 인간을 향한 하나님의 뜻을 기록한 계시다(딤후 3:16-17; 벧후 1:21).

성경의 중심적인 주제는 예수 그리스도이다(딤전 3:16).

성경은 66권으로 구성되었으며 40명의 저자가 약 1,600년에 걸쳐서 기록했다. 또 구약은 대부분 히브리어로 기록되었으며(몇 구절이 아람 방언으로 쓰여졌음), 신약은 헬라어로 기록되었다.

계약(Testament)이란 말은 언약(Covenant)이란 의미, 즉 동의한다는 의미를 가지고 있다. 구약은 그리스도가 오시기 전에 하나님과 인간의 관계에 대하여 하나님께서 만드신 언약이다. 신약은 그리스도가 오신 후 인간과 아버지의 관계에 대해서 하나님께서 만드신 언약이다.

## 1. 구약

- 처음 17권

(1) 처음 5권 : 창세기, 출애굽기, 레위기, 민수기, 신명기.
이 5권은 모세오경(Pentateuch)이라 부른다. 왜냐하면 모세에 의하여 기록된 5권의 책이기 때문이다. 이 책들을 율법책이라고 부르나 내용의 성격은 구속사적인 것이다(참고: Pentatech는 다섯이란 뜻).

(2) 다음 12권 : 여호수아, 사사기, 룻기, 사무엘상, 사무엘하, 열왕기상, 열왕기하, 역대상, 역대하, 에스라, 느헤미야, 에스더.
이들은 구약에서 두 번째 중요한 그룹이다. 12권으로 되어 있으며 내용은 역사적이다. 따라서 구약의 첫 부분은 17권이며 그 내용의 구분은 율법과 구속사적인 5권(모세오경)과 역사적인 성경의 12권(여호수아 - 에스더)이다.

• 중간 5권

(1) 욥기, 시편, 잠언, 전도서, 아가.

(2) 이 5권은 개인적이며 체험적이다. 처음 17권은 다 국가적인 견지에서 기록된 반면, 이 5권은 개인적이며 인간의 심령의 문제점들을 다루고 있다. 처음 17권이 모두 산문으로 되어 있는 반면, 이 5권은 시로 되어 있고 체험적 성격을 가지고 있다.

• 마지막 17권

(1) 마지막 17권 - 예언서
이사야, 예레미야, 예레미야 애가, 에스겔, 다니엘, 호세아, 요엘, 아모스, 오바댜, 요나, 미가, 나훔, 하박국, 스바냐, 학개, 스가랴, 말라기.

(2) 이 17권은 또 두 그룹으로 나눠진다.
처음 5권 - 대선지서, 다음 12권 - 소선지서

• 요약

구약의 39권은 다음과 같이 구분된다.

┌ 17권 - 다시 5권과 12권으로 구분
├ 5권
└ 17권 - 다시 5권과 12권으로 구분

## 2. 신약

• 처음 5권

(1) 성경의 기초가 되는 책들 : 마태복음, 마가복음, 누가복음, 요한복음 그리고 역사적인 사도행전. 이 책들은 이들 전에 기록된 모든 책들과 후에 기록된 모든 책들의 기초가 된다.

• 다음 21권 – 서신서

(1) 14권은 바울의 서신이며, 다음과 같이 분류된다.

9권 - 교회서신 : 로마서, 고린도전서, 고린도후서, 갈라디아서, 에베소서, 빌립보서, 골로새서, 데살로니가전서, 데살로니가후서.

5권 - 목회 또는 개인 서신 : 디모데전서, 디모데후서, 디도서, 빌레몬서, 히브리서(바울이 저자라는 점에 대하여는 논란이 많으나 우리는 히브리서 13장 23절에 의존하여 그를 저자로 생각한다.)

(2) 7권은 일반서신이며 책의 이름은 저자의 이름과 같다.

야고보서, 베드로전서, 베드로후서, 요한1 · 2 · 3서, 유다서.

• 마지막 1권 예언서

요한계시록 : 요한에 의하여 쓰여진 예수 그리스도의 계시.

• 요약

이렇게 신약은 5권의 기초적인 책들 위에 구성되어 있다. 그 위에 교훈적인 21권의 서신서들이 세워졌으며, 성경은 요한계시록의 "주 예수여 어서 오시옵소서"로 끝을 맺는다.

〈구약-39권〉

| 17권-역사서 | | 5권-개인의 체험 | 17권-예언서 |
|---|---|---|---|
| 5권-율법<br>모세오경 | 12권<br>역사서 | 시 | 5권 대선지서<br>12권 소선지서 |

〈신약-27권〉

| 5권-기초 | 21권-서신서 | | 1권-묵시록 |
|---|---|---|---|
| 복음서<br>마태-마가<br>누가-요한<br>- - - - - -<br>성령의 행전 | 14권 바울 서신<br>(9권 교회 서신<br>5권 목회 서신<br>또는 개인 서신) | 7권<br>일반적 교훈 | 예수 그리스도의<br>계시 |

성경은 그 사상과 계시가 하나님의 것이다. 그러나 그 내용의 전달 방법은 인간적인 것이다. 성경은 하나님의 말씀이다. 다음의 구절을 찾아보라.

> "예언은 언제든지 사람의 뜻으로 낸 것이 아니요 오직 성령의 감동하심을 받은 사람들이 하나님께 받아 말한 것임이라"(벧후 1:21).

> "그러므로 모든 육체는 풀과 같고 그 모든 영광은 풀의 꽃과 같으니 풀은 마르고 꽃은 떨어지되 오직 주의 말씀은 세세토록 있도다 하였으니 너희에게 전한 복음이 곧 이 말씀이니라"(벧전 1:24-25).

성경은 점진적인 계시다. 이곳저곳 아무렇게나 읽어서는 이해할 수 없다. 성경은 만물의 창조주이신 하나님의 생각, 하나님의 이야기의 단계적 계시인 것이다. 그 이야기는 여러 세대를 통하여 흐르고 있는 하나님의 위대하신 목적이다. 그 이야기는 믿는 자의 구주가 되시며 메시야이신 예수를 통하여 인류를 구원하신다는 것이다.

각 책은 하나님이 주신 것이다. 매주 지정된 한 권 또는 중요한 장들을 읽어라. 한 권을 전부 읽을 수 있다면 매우 좋다. 그러나 한

권을 다 읽을 만한 시간이 없다면 중요한 장들을 읽어라.

### ▶ 성경의 중요 사건들

- 하나님, 인간, 죄, 구원, 칭의, 성화.
- 두 마디로 - 은혜, 영광.
- 한 마디로 - 예수!
- 구약의 중요성 : 그리스도는 구약성경 22권에서 인용되었다.
  마태 - 19회, 마가 - 15회, 누가 - 25회, 요한 - 11회

### ▶ 성경의 정보

- 성경에는 1,189장이 있다.
- 성경에는 31,373절이 있다.
- 가장 긴 장은 시편 119편이다.
- 가장 짧은 장은 시편 117편이다.
- 구약에서 가장 긴 책은 시편이다.
- 신약에서 가장 긴 책은 누가복음이다.

# 2 신약성경이 정경이 되기까지

## 1. 신약성경

구약이 하나님의 언약이라면, 신약은 그 언약의 성취라 할 수 있다. 구약에서는 창세기의 약속이 역사서를 통하여 그림자적으로 이루어졌다. 하지만 신약에 와서 참 하나님 나라의 주인이신 예수님이 오셔서 구약에 예언된 그리스도가 되심으로 하나님께서는 약속하면 반드시 성취하는 전능하신 여호와이심이 증명되는 놀라운 사실이 드러났다.

신약 27권은 크게 두 부분으로 나눌 수가 있는데, 즉 구약의 하나님의 약속을 성취하시는 그리스도와 성령이 성취하시는 구원의 역사로 나눌 수가 있다.

먼저 그리스도의 성취로서 4복음서가 있다. 혹자는 4복음서의 내용이 서로 중복되어 있고, 각각의 사건들조차도 연결성 없이 횡설수설하게 나열되어 있다는 주장을 한다. 이는 성경의 근본적인 맥락을 파악하지 못한 무지의 소치다. 왜냐하면 4복음서의 저자들은 예수 그리스도를 바라보는 초점이 서로 다르기 때문에, 똑같은 표적이나 사건이라도 4복음서에서의 각각의 의미는 전혀 다른 것이다.

1) 마태복음

마태는 성취된 그리스도의 직임에 초점을 맞추어 기록하고 있다. 여기서 '그리스도'는 헬라어이며, 히브리어로는 '메시야'라고 한다. 그 의미는 '기름 부음을 받은 자'라는 뜻이다. 구약에서는 선지자, 왕, 제사장의 직임을 맡게 될 때 기름을 부어 임명한다. 마태는 구약에 예언된 그리스도(메시야)가 바로 나사렛 예수임을 증거하고 있으며, 나아가 예수께서 참 선지자로서, 왕 중 왕으로서, 영원한 제사를 드리신 참 제사장임을 증거하고 있는 것이다.

2) 마가복음

마가는 성취된 그리스도의 신분에 초점을 맞추어 기록하고 있다. 마가는 베드로와 바울의 제자로서, 하나님의 아들이신 예수께서 신분이 낮아짐으로 버림 받고 배척당하시지만, 그가 바로 우리의 죄를 대속하여 주는 그리스도가 되어, 높아지는 신분임을 증거하는 데 그 기록 목적을 두고 있다.

3) 누가복음

누가는 성취된 그리스도의 사역에 초점을 맞추어 기록하고 있다. 헬라인 의사인 누가는 바울의 제자로서, 예수의 생애에 나타난 역사적인 사건과 표적과 교훈 등을 통하여 예수가 참 구속주이심을 확증하려는 데 그 주된 목적을 두고, 메시야의 구속 사역을 중심으로 시대적 순서대로 증거하고 있다.

### 4) 요한복음

요한은 성취된 그리스도의 신성에 초점을 맞추어 기록하고 있다. 사도 요한은 하나님 아버지께로부터 오셔서 아버지께로 가신 예수님이 하나님의 아들이심(신성)을 증거하여, 구약의 약속대로 성취해 주신 여호와 하나님을 계시하고 있다.

이렇듯 4복음서는 각각의 독자성을 가지며, 예수 그리스도의 직임, 신분, 사역, 신성에 대하여 기록하며 서로 밀접한 관계를 이루고 있는 놀라운 하나님의 말씀인 것이다.

다음으로, 성령의 성취로서 사도행전으로부터 요한계시록이 있다. 예수님께서 승천하시기 전 약속하신 성령께서 오셔서 땅 끝까지 복음이 전파되게 하여 하나님의 택하신 자녀들이 복음을 듣고 거듭나게 하시고, 진리 가운데로 인도하셔서 지상 교회를 세워가신다. 결국 언약대로 영원한 새 하늘과 새 땅에서의 하나님의 나라를 세워가시는 여호와 하나님을 계시하고 있다.

### 5) 사도행전

사도행전은 누가가 구약의 예언에 의한 예수님의 약속이 성령의 능력으로 성취되는 사실을 통하여 예수가 그리스도이심을 증거하고 있다.

사도행전 1장에서 예수님께서는 성령세례와 복음 전파와 재림이라는 3가지 약속을 하셨다. 첫째로 약속하신 성령세례는 오순절 마가의 다락방에 성령이 오심으로 이루어졌고, 둘째로 약속하신 사도행전 1장 8절의 "땅 끝까지 이르러 내 증인이 되리라"는 복음 전파는 사도들과 제자들을 통하여 성령의 능력으로 유대와 사마리아와 땅 끝까지 복음이 지금까지 전파되고 있는 것이다.

혹자는 '되리라' 라는 미래완료 수동태 문장을 '되라' 라는 명령문으로 잘못 해석하여 예수님의 지상명령에 신자들이 자신의 힘으로 순종하여야 한다고 주장하고 있지만, 이것 역시 성경의 핵심을 모르는 생각이다.

셋째로 약속하신 예수님의 재림 역시, 성도들이 성경을 통하여 나타난 하나님의 모든 약속이 다 이루어진 것을 깨달았다면, 틀림없이 성취될 것을 소망으로 기다릴 수가 있게 될 것이다.

### 6) 서신서

서신서의 저자들은, 복음 전파로 소아시아와 마게도니아 반도에 세워진 초대교회들이 유대인들과 거짓 지도자들의 핍박과 간사한 궤계로 흔들리게 되자, 이를 바로잡기 위해 서신서를 집필하였다. 기독교의 초보적인 교훈(로마서 - 갈라디아서)을 통하여 순수한 복음 진리를 굳건히 세우도록 해주고, 다음으로 장성한 믿음의 성도들에게 믿음의 권면(에베소서 - 데살로니가후서)을 하여 믿음의 기초를 튼튼하게 하며, 마지막으로 '진리의 보전과 전수' 라는 교회의 사명을 잘 감당하게 하기 위하여, 투쟁하는 교회(히브리서 - 유다서)의 말씀으로 이단들과 거짓 지도자들과 믿음의 선한 싸움을 잘 감당하도록 권면하고 있다.

### 7) 요한계시록

요한계시록은 밧모 섬에 귀향 간 사도 요한이 어려운 환난과 박해 속에 있는 아시아 일곱 교회에게 교회의 머리 되신 예수 그리스도의 영원한 승리를 계시하여, 위로하고 격려해 주는 하나님의 말씀이다.

지금까지 창세기부터 요한계시록까지 성경의 내용 개요를 살펴보았다. 창세기의 하나님의 언약이 역사서를 통하여 그대로 성취된 사실을 확인한 시서의 저자들은 여호와 하나님의 전능성, 신실성, 영원성, 자비성, 주권성을 찬양하고 있으며, 선지서들은 이러한 여호와 하나님의 약속의 예언과 교훈을 주고 있다. 구약에서 모형적으로 이루어진 하나님 나라에 대한 언약은 신약에 와서 실제적으로 천국의 주인으로 오신 예수 그리스도와 성령에 의하여 성취되고 완성됨으로, 하나님께서 한 번 약속하시면 반드시 성취하시는 전능하신 여호와이심이 증명되는 것이다.

이렇게 성경은 전체가 하나님의 언약 성취의 섭리로 가득 차 있다. 그러므로 성경을 하나님의 언약사 중심으로 해석해야 올바른 성경 해석이라 할 수 있다. 하나님의 언약사 중심의 성경 해석이야말로 성경의 가장 깊은 뿌리로부터 사건 하나하나인 가지에 이르기까지 일목요연하게 일관성 있는 통일된 논리로서 연결되도록 해석할 수 있게 한다. 이는 개혁신앙 역사에 가장 중요한 성경 진리의 핵심의 발견이 아니라 할 수 없겠다.

깊도다 하나님의 지혜와 지식의 풍성함이여
그의 판단은 헤아리지 못할 것이며

그의 길은 찾지 못할 것이로다

– 로마서 11장 33절

## 2. 유대 종파

기독교 형성 초기에 이미 유대교에는 많은 종파들이 있었다. 그들의 긴 구약 역사만큼이나 많은 시간과 사건들 속에서 각자의 해석의 틀이 형성되고, 이에 따라 같은 유대교인이면서도 조금씩 그 해석이 달라 신앙의 방식들과 성전에 대한 관념이나 메시야관 그리고 성경관이 조금씩 차이가 나게 발전되어 왔다. 그리고 그들 각 종파들은 또 그 각각대로 초기 기독교의 형성에 직간접적으로 영향을 주었다. 이러한 유대 종파에는 우리가 흔히 알고 있는 바리새파와 사두개파 그리고 열심당이 있는데 이들 외에 우리에게 잘 알려지지는 않았지만 은둔해 있던 두 공동체가 있었다.

본 연구에서는 먼저 이미 알려져 있는 바리새파와 사두개파에 대해서는 간략하게 알아보고 그동안 우리의 관심 밖에 있었던 에세네 공동체와 쿰란 공동체 사이의 관계를 규명하고자 한다. 그 까닭은 이 두 공동체의 관계에 대해 엇갈린 많은 의견들이 난무하고 있으며, 최근에 이르러서도 이 문제가 속시원히 해결되지 않고 있기 때문이다.

### 바리새파와 사두개파

바리새파, 사두개파, 헤롯당파와 열심당원 모두가 신약복음서의 기록에서 중요한 위치를 차지하고 있으며, 이들은 모두 다 그리스도가 탄생하기 전 2백 년 동안에 생겨난 당파들이다. 이들 모두는 헬레니즘과 유대주의의 부조화에 대해 각기 다른 반응을 나타내었다. 마카비 혁명 세력들이 시리아의 셀류쿠스 왕조와 유대 정부 사이의 정치적 관계를 문제 삼은 반면, 이들 당파들은 외부 세계에 대해 자신의 종교가 취해야 할 행위 양식을 문제 삼고 있었다.

### 1) 바리새파

바리새라는 이름의 당파가 최초로 언급되고 있는 것은 요한 힐키누스(BC 134 - 104)의 통치 시대다. 그때 이미 전통적 바리새인보다 헬라화됐던 사두개인 사이에는 적대감이 뚜렷이 나타났다. 바리새라는 말은 '분리된 자' 라는 뜻이다. 그들은 의식적 정결을 지키는 데에 철저하고자 했기 때문에 스스로를 구별하여 바라새라고 했던 것이다. 다시 말해 그들은 율법의 세목에 대해 깊은 관심으로 일관하여 율법을 문자적으로 지키고자 하는 경향이 강했다. 그러나 이로 인해 성문 율법보다 구전 율법이 더 엄격히 지켜지는 모순 속에서 헤어나오지 못했다.

예수님과 벌이는 많은 논쟁 속에서 바리새인들이 보여 주는 영적 교만이나 신앙적 도취는 오늘날의 우리에게도 보여 주는 귀중한 교훈인 것이다.

### 2) 사두개파

사두개란 말은 '의로운' 이란 뜻의 '싸디킴' 에서 왔다고 한다. 그 기원은 솔로몬의 제사장인 사독(삼하 8:17) 이후라고 본다. 그들은 예루살렘의 귀족이나 대제사장 무리들로서, 그들은 정치 지도자와의 협조를 통해 부와 권세의 자리를 차지하였고 그 기득권을 잃지 않기 위하여 하나의 파를 형성하였다. 성전 관리와 의식의 집행이 그들이 가진 특별한 임무였다. 사두개인들은 의식적으로 일반 유대인들과의 교제를 끊었다. 이러한 점은 바리새인들이 개종자를 환영한 반면 사두개인들이 꺼렸던 점에서도 잘 나타난다.

그러나 이들 두 그룹 바리새파와 사두개파는 모두 AD 70년 로마 장군 티투스의 예루살렘 함락과 더불어 자취를 감추고 말았다.

### 3) 혁명당원들

혁명당원들은 로마 황제의 지배에 복종하고 그를 주라고 부르기를 거부하였다. 그들은 바리새파 사람들처럼 미래의 전환기를 참고 기다릴 준비가 되어 있지 않았다. 로마인들에게는 혁명당원들이 도둑과 노상강도들이었다. 왜냐하면 그들은 율법에 대하여 정열을 가지고 나타났었기 때문이다.

### 4) 에세네파 사람들

에세네파 사람들은 사두개파나 바리새파보다 더 물러나서 생활을 했던 독자적인 유대인의 운동이었다. 그들의 이름은 아람어 하사야, 즉 '경건한 사람들' 에서 기원되었음이 분명하다. 그들은 바리새파와 같은 생활권에서 생겨났다. 그들은 공동체 생활을 하였고 회원들은 독신 생활을 하였으나 종족 보존의 목적으로 결혼하기도 하였다. 그들의 절대적 계명은 전체 공동체와 그 회원들의 의식적인 정결을 지키는 것이었다.

장로 폴리니우스에 의하면 에세네파 사람들은 사해 바닷가에 공동체 중심지를 가지고 있었다. 그들은 로마의 핍박 가운데도 끝까지 율법을 성실하게 지켰다. 그들은 인간의 불멸하는 영혼은 하늘에서 유래되었으며 그 운명은 미리 정해져 있으나 인간의 몸은 영혼의 육신적인 감옥이라고 믿고 있었다. 전쟁의 고통과 공포 속에 에세네파 공동체도 몰락하고 말았다.

### 5) 테라페우테스 교단

테라페우스 교단은 마레오트 호숫가에 기도원 같은 거주지를 가지고 있었으며 명상적인 생활에 전념하였다. 그들은 매일 성서를 연구하고 안식일에만 공동예배를 드렸다. 이집트의 디아스포라에서 독립적으로 발전된 에세네파 운동의 지엽으로 볼 수 있다.

### 6) 쿰란 공동체

- 쿰란 텍스트에 관한 개관

지금까지 알려져 있지 않은 유대 사본의 발견사는 1947년에 유대 사막에서 살고 있던 아라비아 사람들이 많은 질그릇 항아리들 안에 두루마리가 담겨져 있는 동굴을 발견했던 때로부터 시작된다. 사해 해변가에 히르벨 쿰란이란 장소가 있는데 이곳에서 유대인의 공동체 거주지가 발견되었다. 이들은 로마의 지배하에 두루마리를 보관하기 위해 조심스럽게 항아리에 넣어 두었으나 전쟁과 함께 몰락하고 말았다.

고고학적인 판단을 통하여 이때 발견된 사본들이 완성된 시대를 정확하게 구분할 수 있게 되었는데 기원전 2-3세기 중엽에서 기원후 68년까지로, 그 공동체는 쿰란 안에 살았다. 쿰란 동굴 안에서 발견된 사본들과 단편 가운데 많은 성서 본문과 유대적인 텍스트들이 있다.

### 7) 기타 종교운동들

희랍인들이 숭배하는 신들은 자연 속에서 일어나는 힘과 능력을 형체화한 것이다. 동양의 신들은 운명의 주인이지만, 희랍의 신들은 단지 죽지 않는다는 것과 커다란 힘을 마음대로 사용한다는 것에서 인간들과 구별되었다. 각 도시와 사회는 그들의 특별한 신을 가지고 있었다. 따라서 이들을 기념하기 위한 축제가 열렸고, 그중에는 4년마다 개최되는 올림픽 경기가 유명하였다.

로마인들의 신은 희랍신들과 비슷하였다. 로마에서는 헬라주의적 사고와 도덕적 타락으로, 점증하는 외세에 대한 로마 유산의 보호적 차원에서, 예배 업무는 국가에서 관장하였다. 로마제국이 넓어지면서 델포이 신전의 '너 자신을 알라' 와 같은 철학적 윤리 모습은, 아노미 현상에 의하여 각 지방의 민속신앙과 숙명론적 운명신앙으로 변해갔다.

기원전 420-419년 페스트가 아테네를 강타한 후 구원 신 아스클레피오스(Asklepius)가 숭배되었다. 상징은 뱀으로 기적적인 치유의 효과를 원하는 병자들이 성전에 문전성시를 이루었다. 헬라주의 시대의 사람들은 학문의 결과를 민속적인 사상들과 마술적 술책들과 결합시켜서 점성술로 발전시켰다. 그들은 마술과 요술을 통하여 운명의 진로에 영향을 주려고 노력하였다. 로마제국의 세계주의적 포용성은 개인의 종교를 각자의 재량에 맡겼다. 그 당시에는 인생은 짧은 순간이란 생각으로 고통의 대상으로 여겼다.

헬라주의 시대의 미신, 운명사상, 기적 추구, 점성술, 마술 등은 그 당시 사람들의 깊은 염려와 삶의 불안정을 보여 준다. 극단적이고 왜곡된 사회 윤리는 사람들을 밀의종교로 인도하였다. 온 지중해 지역에는 동양적인 종교의식이 널리 유포되어 있었다. 즉 이집트에서 시작된 오시리스와 이시스에 대한 종교의식, 시리아에 근원을 가지고 있는 아도니스 경배와 아티스와 키벨레에 대한 프리지아의 종교의식, 그리고 페르시아의 미트라 숭배 등이 그것들이다.

고대 희랍의 종교가 신들을 고통과 죽음과는 무관한 것으로 본 반면, 밀의종교들은 신들을 고통과 죽음의 운명을 겪어야 하는 것으로 보았다. 이들의 신화적 예배의식은 자연의 사건들을 묘사하였다. 이러한 밀의종교의 번성은 사람들이 기독교화한 이후에도 기독교 공동체의 예배 의식을 밀의종교의 선례를 따라 해석할 정도였다.

### 8) 정신적 조류

바울의 아레오바고 설교에서 보듯이, 그 시대는 에피쿠로스 학파와 스토아 학파가 철학적 대화를 주도적으로 이끌었다. 하지만 철학은, 도시의 자치단체 내에서 무엇이 올바른 것인지를 제시할 수 없었으며, 근본적인 변화를 고려하지 않으면 안 되었다. 헬라주의 시대에 주어진 새로운 정치적인 상황에 직면하여, 에피쿠로스 학파는 자기 생활을 향유할 수 있는 것 외에 더 좋은 것이 없다는 균형잡힌 영적 생활의 영위를 주장하였다. 스토아 학파는 세계를 하나의 통일성으로 보고, 그 통일성의 근본 원인인 신의 지배력을 관찰하고 인지하여, 그 법칙에 순응함으로써 인간은 그의 본질에 참여할 수 있다고 하였다.

이러한 철학은 그 시대에 있어서 철학 이상으로 사람들의 생활을 주장하였다. 특히 스토아 학파의 주장은 필로에 의하여 유대교에도 적용되었다. 즉 자연을 지배하는 신성에서 창조주 하나님을 재인식할 수 있고, 또한 인간에게 부과되는 자연법은 모세의 율법과 연결될 수 있다고 보았기 때문이다. 그 시대에 영향을 끼친 철학자들은 그 외에도 피타고라스 철학, 플라톤의 우주관과 인간관 등이 있었다.

## 3. 영지주의

영지주의 현상은 초대교회 시대부터 많은 논란이 되어 왔었다. 오랫동안 영지주의는, 초기 기독교가 헬라주의 세계와 만나는 가운데서 생겨난 기독교 운동의 내적 현상으로 인식되었다. 하지만 종교사적 배경에서 관찰함으로써 이러한 입장은 달라질 수밖에 없을 것이다.

### 1) 영지주의 구조

영지주의 기원에 대해서는 확실한 지식이 없다. 영지(Gnosis)라는 말은 인식(Erkentuis)을 의미한다. 영지주의에서 보는 창조는, 신의 영역으로부터 한 영역이 하층으로 유출되면서 시작된다. 유출된 원인간은 숙명적 타락을 통하여 세상에 떨어지고, 하늘의 세력은 그가 본래 신의 본성을 가진 것을 알지 못하게 한다. 하지만 신의 영역에서 이러한 인간들에게 자기의 본성을 알도록 해주는 구세주가 내려온다. 우주의 파수병들에게 들키지 않고, 영의 지식을 전하여 주는데 바로 이 영의 지혜가 영지주의 복음의 핵심이 된다.

유대교는 지혜를 계시의 중보자의 내용으로 알았고, 알렉산드리아의 필로는 로고스를 신과 인간 사이의 중간 존재로 불렀다. 또한 구원은, 밀의종교에서는 그들의 축성을 통하여 인간의 불멸성을 느끼게 했던 반면, 영지주의는 영적 지혜를 통한 본래 상태로의 복귀를 뜻했다.

이러한 영지주의 사상은 18개의 논문으로 된 《코르푸스 헤르메티쿰》(Corpus Hermeticum)에 총괄되어 있다. 특히 이집트에서 발원한 '신의 인식' 이란 뜻의 〈Poimandres〉란 논문에 우주론, 인간론, 구원론이 총괄되어 있다. 그들의 인간론은 창조론을 통하여 명백해진다. 그들이 본 우주는 세계 창조자(Demiurge)의 작품이며 우주에 놓여진 운명에 예속된다고 보았고, 상계로부터 하계로 떨어져 내려와, 그를 구속하는 자연과 관계를 맺은 최초의 인간은 바로 타락을 뜻했다. 그러므로 최초의 인간 타락 신화는, 그는 죽는 물질로 만들어졌으나 신적인 중심은 하늘의 근원으로부터 왔다는 인간의 현재적 상황을 설명해 준다.

구원론을 담은 코르푸스 헤르메티쿰의 문헌들은 다음과 같다.

- 거듭나기 전에는 구원을 받을 수 없다.
- 거듭난 사람은 신의 아들이다.
- 신격화(Vergottung)는 철저한 변화이다.
- 자의적 결단을 통하여 갱생의 길이 가능하다.
- 영지주의가 이루어지면 인간은 의로워진다.
- 영지자는 그 사건이 세속화되는 것을 방지하기 위하여 이 영

지의 비밀에 대하여 침묵을 지킨다. 따라서 영지주의는 철학적인 명상으로 도달할 수 있는 것이 아니라 인간 속에서 잠자고 있는 신적인 불꽃과 결합되어 가능하며, 인간으로 하여금 참된 삶을 살아가도록 하는, 신적 능력으로 가득 찬 인간 존재의 변화로 일어나는 인식이다.

### 2) 기독교와 영지주의

신약성서 자체가 전 기독교적인 영지주의에 대하여 언급하고 있다. 사도 시대에는 시몬이란 마술사와의 충돌을 언급하고 있다(행 8:9-24). 교부 시대에는 교부들(Justin, Irenius, Tertullian)이 시몬적 영지주의에 반박하였다.

초기 기독교 안에서는 영지주의적으로 자기 이해를 하는 사례들이 많이 있었다. 고린도전서는 이러한 사건들에 대한 사도들의 입장을 잘 나타내고 있다. 기원후 1세기 말에는 소아시아에 광범위하게 유포되었으며, 목회 서신들과 요한계시록, 그리고 요한복음과 요한 서신들은 여기에 대하여 명백하게 반대하고 있다.

기독교 복음의 올바른 표현은 이러한 영지주의와의 끝없는 싸움에서 결정되었다. 즉 구원은 영지주의에서처럼 미래적인 합일을 추구하는 신과 인간과의 자연적인 근사성에 근거하는 것이 아니라, 그리스도로 말미암아 약속된 죄의 용서하심 속에서만 자유가 주어지는 것이다.

# 3 신약 정경 결정 원리

우리는 신약의 정경들을 아무런 의심 없이 영감된 하나님의 말씀이라고 믿는다. 그러나 신약의 저술들이 교회 안에서 공식적으로 정경으로 인정되는 데는 오랜 기간 동안 많은 논란과 복잡한 과정들이 있었다. 그것은 초대교회 때에는 많은 종류의 경건한 신앙적 저술들이 교회 안에 돌아다니며 읽혀지고 있었고 그러한 글들은 모두 경건한 성도들에 의하여 쓰여졌기 때문이었다. 더구나 그 저자들이 대부분 예수님의 직접 제자는 아니더라도 적어도 예수님을 보았고 사도들의 직접 혹은 간접적인 제자들이었다는 사실은 더욱더 이러한 논쟁을 어렵게 만들었다.

교회는 전통을 매우 중시한다. 물론 이 말은 로마 가톨릭 교회처럼 전통을 성경의 권위 위에 둔다는 말은 아니다. 다만 초대 교부들의 증언을 당시 교회의 대표로 보고 하나님의 교회가 취했던 일반적 입장을 파악하려는 의미에서 중요하게 취급하는 것이다. 그래서 정경 수납 과정이나 공관복음서 문제 등을 논할 때 그 증언들을 참조하고 뚜렷한 이유가 없는 한 사실로 받아들인다.

그러나 정경 수납 과정에서 여러 교부들의 입장이란 명백한 공통점이 있는 동시에 모호한 상이점도 있었다는 사실은 우리에게 문제의 소지를 남겨둔다. 이떤 성경은, 예컨대 히브리서는 4세기 중엽까지 정경으로 인정받지 못하였다.[3]

그렇다면 히브리서는 도대체 언제부터 누가 정경으로 받아들이게 되었고 왜 정경으로 인정하였을까? 이처럼 히브리서의 정경 형성 과정에 대한 관심을 가지고 그것을 정립하려면 우선 정경의 결정 원리에 관심을 갖지 않을 수 없다. 어떤 원리에 의해, 그리고 왜 교부들은 히브리서만은 정경에 넣기를 주저해 왔는가? 그러면서도 왜 결국은 정경에 포함시키게 되었는가?

성경은 다만 모든 성경이 하나님의 감동으로 된 것[4]이라고 언급할 뿐 어느 곳에서도 이것이 성경이며 여기까지가 성경이라고 말하고 있지 않다. 이런 면에서 아무도 이것이 정경이라고 말할 수 없다. 그러면 언제부터 성경은 정경으로 인정되었으며 우리는 무엇을 근거로 이것이 정경이라고 믿을 수 있는가? 우리가 배척하는 외경 혹은 위경은 어떤 이유로 정경으로서의 가치가 없는가?

정경이란 무엇인가? 기독교 교회에서 '정경'이란 말을 사용할 때 그 의미는 하나님의 영감으로 이루어져 신자의 신앙과 생활의 유일하고 절대적 규범이 되는 규범적 성경 목록을 가리킨다. 이 정경이란 단어는 헬라어 캐논에서 왔는데 이 캐논(κανὸν)은 문자적

---

3) 이종윤, 《신약개론》(서울: 개혁주의신행협회, 1988), p. 82.

4) 디모데후서 3장 16절의 말씀은 물론 구약성경을 두고 말한다. 그러나 신약의 책들 중에서 정경이 확립된 이후 우리는 이 말씀을 신약성경에도 적용할 수 있다고 본다.

으로는 갈대, 곧은 막대기, 곧은 장대를 표시하다가 차차 은유적으로 표현되어 직선자, 표준, 규범, 기준, 경계, 표 등의 의미로 사용되어[5] 문학에서는 진행의 규칙을, 연대에 대해서는 연대표를, 문학에서는 저자의 목록 등을 가리키게 되었다. 그것이 점차 초대 교부들과 공의회에서 하나님의 영감된 성경을 캐논이라 지칭하게 된 것이다.

교회는 전통적으로 몇몇 책들 외에는 처음부터 아무런 이의(異議)없이 성경을 받아들였다.[6] 정경론 논쟁은 이렇게 이의(異議) 없이 받아들여진 책들을 근거하여 펼쳐졌다고도 말할 수 있다.

본 연구에서는 이미 전통적으로 인정되어온 4가지 정경 결정 원리를 중심으로 그런 원리들이 과연 가능한가를 살피고, 비판하고, 확증하는 것을 방법과 목적으로 삼고자 한다.

### 1) 일반적으로 체계화되어 있는 정경 결정 원리

정경 결정 원리에 대해 이미 정립되어 온 학자들의 견해는 크게 네 가지이다. 첫째는 사도성인데 그 작품이 사도성을 띠고 있어야 권위가 있다는 것이며, 둘째는 영감성으로 성령의 감동을 받고 기록한 책이라는 증거가 있어야 수납되었다는 것이며, 셋째는 보편성으로 초대교회가 이의 없이 하나님의 말씀으로 받아 예배시에 읽었으며 생활과 믿음의 표준이 되는 말씀으로 받아들인 책이라는 것이다. 마지막으로는 그 내용이 구약의 그것과 일치해야 한다는 것이다.[7]

---

5) A.B. 듀토잇, 《신약개론》, 권성수 역(서울: 엠마오, 1988), pp. 23.

6) Ibid., p. 129.

7) 이종윤, Ibid. pp. 86-87.

그러나 이 네 가지 학적 이론이 여전히 석연치 못하고 불충분함을 느끼는 것은 각 용어(사도성, 영감성, 보편성, 일치성) 등에 대한 명확하고 구체적인 정의가 없기 때문이다. 다시 말하면 도대체 사도성이란 말의 범위는 어디까지이며 영감성의 근거는 어디를 표준으로 하는가이다. 그러므로 우리의 연구에서는 정경 결정 원리의 한 표준인 사도성의 의미를 밝히는 것을 중심으로 그것에서 파생될 수 있는 문제를 해결해 보고자 한다.

### 2) 사도성

전통적으로 인정되는 4가지 정경 결정 원리 중에서 첫번째로 꼽히는 것은 사도성(Apostolic Origin)이다.[8] 그것은 예수께서 사도로 열두 사람을 택하시고 그들로 하여금 자기의 복음을 전하게 하셨기 때문이다. 신약의 저자들은 자신이 쓴 책이 자기에게서 나온 것이 아니며 전적으로 하나님으로부터 받은 것이라고 밝히고 있고(히 1:1-2; 갈 1:11-12; 고전 11:23, 15:3), 신약의 각 책들은 모두 독자적 신임성을 가지고 있다.

사도의 권위에 대해서 R. L. 해리스는 요한복음 16장 13절을 근거로 "성경은 첫째로 사도들에게 약속된 것이 분명하다"라고 말한다.[9] 또 예수님은 보혜사가 와서 "너희에게 모든 것을 가르치고 내가 너희에게 말한 모든 것을 생각나게 하리라"(요 14:26)고 하셨다.

---

8) 이종윤, Ibid., p. 86.

9) R.L. 해리스, 《성경의 영감과 정경》, 박종칠 역(서울: 개혁주의신행협회, 1982), p. 214. 같은 페이지에서 해리스는 요한복음 16장 13절의 "이 약속은 보편적으로 신자들에게 약속된 것이 아니다. 그것은 성경으로 말미암은 계시의 약속이다"라고 덧붙인다.

신약시대에 사도들은 교회로부터 편지를 받기도 하였다(고전 7:1). 그러나 그와 같은 편지들은 성경에 포함되지 않았다.[10] 뿐만 아니라 초대 교부들의 글도 정경에 포함되지 않았다. 클레멘트, 이레니우스, 폴리갑은 모두 그들 자신들을 12사도들과 분명하게 구별을 지으며 12사도 이외의 다른 이들을 사도로 부르지 않았다.[11]

사도들의 기록들은 스스로 그것들이 권위 있고 영감되었다고 주장한다. 고린도전서 14장 37절에 "내가 너희에게 편지하는 이 글이 주의 명령인 줄 알라"고 하였고, 요한계시록 1장 3절에서 요한도 "이 책의 기록들을 읽고 듣고 지키는 자에게 복이 있다"고 말한다. 또한 요한계시록 22장 19절에서는 '이 예언의 말에 더하거나 빼는 자는 저주를 받을 것' 이라고 말하고 있다. 더욱더 재미있는 것은 디모데전서 5장 18절에서는 누가복음 10장 7절을 인용하면서 "성경에 일렀으되"라고 말하고 있다는 사실이다.[12]

이러한 근거들로부터 우리가 내릴 수 있는 확고한 결론은 신약성경 대부분은 마땅히 수납되고 복종되어야 할 것으로 기대하고 기록되었다는 것이다.[13]

사도가 영감으로 말하고 기록하였다고 주장했다는 결론에 대해 어떤 이들은 고린도전서 7장을 근거로 반대한다. 이곳에서는 세 번이나 자기 말과 주의 명령을 대조시키고 있다(고전 7:6, 10, 12). 그러나 우리가 만일 이 견해를 채용한다면 고린도전서 7장은 고린도전

10) 이종윤, Ibid., p. 86.
11) R.L. 해리스, Ibid., p. 213.
12) R.L. 해리스, Ibid., p. 211.
13) Ibid., p. 203.

서 14장 37절에 반대된다. 여기서 바울은 자신의 말을 주의 명령으로 받으라고 말하고 있기 때문이다.

이 반대에 대해서 어쩌면 위와 같은 반론도 불필요할 것이다. 왜냐하면 7장의 구절들은 단지 이혼과 같은 문제에 대해서 바울이 그리스도의 명확한 말, 즉 마태복음 19장 9절의 말과 같은 인용이 없이 자신의 권위로 말한다는 것을 의미할 뿐이기 때문이다. 주의 명령이라는 부분은 그리스도의 지상 사역에서 분명히 보여준 부분을, 내 말이라고 하는 것은 그러한 원리하에서 자신의 의견을 말하는 것이다. 고린도전서 7장 40절에서 바울은 자신의 의견도 영감된 권위를 가진 것으로 주장하는 것이다.

신약성경의 발달에 있어서의 사도성이 얼마나 중시되었는가는 교리를 위한 절대적인 자료들을 제공하려는 시도로, 사도들이 저술한 것으로 위장한 거짓 작품들이 많았던 점을 보아 알 수 있다.

### 3) 가능한 해결책

그러나 실제로 이것은 많은 문제를 남기고 있다. 왜냐하면 신약성경의 모든 책들은 사도들의 글이 아닐 뿐 아니라 심지어 저작자가 정확히 알려져 있지 않은 글도 있다. 이러한 책들에 대한 정경성의 인정을 무엇으로 설명할 수 있단 말인가? 역사적으로 성경은 교회나 공의회가 인정하고 수납한 것이 아니라 이미 교회 안에 수납되어 있는 정경 목록을 확인한 것일 뿐이다. 그러기에 아무도 어떤 기준으로 정경성을 논할 수는 없는 일이다. 단지 정경으로 받아들여져 있는 책들을 중심으로 어떤 기준이 거기에 작용하였는지를 살펴볼 수 있을 뿐이다.

이런 면에서 지금까지 논의해 온 사도성이란 기준은 어떻게 설명될 수 있을까? 어떻게 사도의 저작품이 아닌 책들에 대한 권위를 설명할 수 있는가? 그것은 한마디로 사도의 감독 또는 승인이라는 것으로 설명될 수 있다. 다시 말하면 "신약성경의 책들 중에서 실제로 사도들이 기록하지 않은 것들은 '사도적' 인물들(사도들과 아주 가까이 있어서 그들의 일부를 수행했던 자들)에 의해 기록되었던 것이다."[14]

예를 들어 마가복음은 마가의 권위가 아닌 베드로의 권위에 의해 수납된 것이다. 알렉산드리아의 클레멘트(Clement of Alexandria)는 마가가 베드로가 살았을 때에 기록하였거나 기록하기 시작하였다고 분명히 말한다.[15] 파아스는 사도성에 대해 분명히 둘째 복음이 마가 때문이 아니라 베드로 때문에 받아들여진다고 진술하고 있는 점을 주의해야 할 것이다.

이것은 누가복음과 바울의 관계에 있어서도 마찬가지로 설명될 수 있다.

저작자 문제로 가장 논란이 많고 정확한 결론을 내리기 어려운 히브리서 문제도 이런 차원에서 해결을 볼 수 있으리라고 본다. 클레멘트는 "히브리인에게 보내는 서신을 바울의 것"으로 인용하여 말하고, 또 그것은 히브리어로 히브리인에 의해 쓰여졌고, 누가는 그것을 조심스럽게 번역한 후 헬라인들의 사용을 위하여 출판했다고 하였다.[16] 또 바울을 도와 바나바가 비서 역할을 했다고 해도 마

---

14) W. 존 쿡, 《신약개론》, 김효성 역(서울: 성광문화사, 1980), p. 303.
15) R.L. 해리스, Ibid., p. 232.
16) Ibid., pp. 248-249.

찬가지이다. 이럴 경우 문체는 바울의 것과 다르겠지만 그 저작권은 사도 바울에게 있는 것이므로 사도성이란 기준으로 볼 때 문제가 되지 않는 것이다.[17]

결론적으로 정경을 결정하는 원리를 요약하면 성경책의 정경은 그 책의 저작권에 있다고 하겠다. 그 책이 구약에 있다면 그것이 선지자에 의해 기록되었기 때문에 받았던 것이며, 그것이 신약편이라면 그것이 사도 곧 사도 자신이나 수하생, 혹은 필기자의 도움으로 기록되었기 때문에 영감된 것으로 인정된 것이다.[18]

### 4) 기독론적 접근

사도성이란 말을 확정하기 위해 서두부터 주님이 사도들에게 자신의 말을 가르치고 또한 보혜사가 와서 사도들에게 모든 주님의 말을 기억나게 하였다는 것을 앞세웠다. 그것은 사도들의 권위가 사도 자신의 권위가 아니며 바로 주님의 권위에 근거한다는 것을 보여 준다. 듀토잇의 "모든 경우에 있어서 말씀의 내용은 기록된 복음서에서 연유되었지만 권위는 주님 자신의 인격에 귀속된다"[19]는 말은 정경의 권위가 그리스도에게서 근거한다는 사실을 잘 나타내 주고 있다. 듀토잇은 다른 곳에서 "사도성은 객관적 개념이다. 오직 그리스도에게 전적으로 집중하고 그를 선포하는 것만이 사도적이다"[20]라고 하였다.

---

17) Ibid., pp. 253-254. 참조.

18) R.L. 해리스, Ibid., p. 256.

19) A.B. 듀토잇, Ibid., p. 209.

20) Ibid., p. 317.

루터는 그리스도의 권위의 개념을 극대화시킨 인물이었다. 루터는 사도성이란 말은 ① 사도에 의하여 씌여진 것과 ② 사도에 의해 쓰여지지 않았어도 그리스도를 전하는 것이라면 사도성이 있다고 보았다. 즉 루터에 있어서 사도성이란 완전히 경전성이란 말과 동의어(同義語)였다. 루터가 편집한 성경에는 그리스도를 가르치지 않았다 하여 히브리서, 야고보서, 유다서, 요한계시록의 4권이 제일 마지막에 놓여 있다.[21]

루터는 또한 "그리스도를 가르치지 않는 것은 베드로와 바울이 가르쳤다고 해도 사도적이 아니다. 반대로 그리스도를 가르치는 것은 유다, 안나스, 헤롯이 가르쳤다고 해도 사도적이다"라는 극단적 발언까지도 하였다. 그의 발언은 비록 극단적이기는 하나 루터가 사도성의 순전히 형식적인 표준을 버리고 '그리스도의 선포'라는 객체적 측면을 정경성의 결정적 규범으로 재확립한 것은 여전히 그의 큰 공헌이라고 하겠다.[22] 이 사실은 매우 중요하다. 만일 이 실질적 혹은 객체적 원리를 배제하고 사도성의 주체적 원리만을 절대화시킨다면 사도가 그의 맘대로 이단을 소개한다 하더라도 사도가 그것을 말했다는 단순한 이유 때문에 규범으로 인정되어야 하는 어처구니 없는 결과가 빚어질 것이기 때문이다.

성령의 내적인 증거는 정경을 결정하는 데 있어서 중요한 역할을 한다. 사실상 교회는 사도성이나 다른 원리들을 기준으로 정경성을 심사한 것이 아니라 이미 교회가 받아들인 정경을 중심으로

---

21) W.G. 큄멜, 《신약정경개론》, 박익수 역(서울: 대한기독교출판사, 1983), pp. 510-511.

22) Ibid., p. 319.

정경성을 논하게 되었는데, 그렇다면 교회로 하여금 정경을 정경으로 수납하게 된 주체적 힘은 바로 성령님이신 것이다. 성령의 내적인 증거와 그것을 믿음으로 받아들이는 것이 바로 정경으로 인정하게 만든 기준이 되었던 것이다.

그러나 여기에도 문제는 남아 있다. 성령의 증거는 필수불가결하다 하더라도 각 사람이 성령 안에서 가지는 믿음은 동일하지 않으므로 그 차이들로 인한 논란이 문제이다. 그러므로 성령의 증거 역시 그리스도 중심적이어야만 한다는 것으로 풀 수 있다. 결국 정경성에 대한 표준은 그리스도에게로 돌아온다.[23]

---

23) A.B. 듀토잇, Ibid., pp. 144-145.

성경 전권 메시지

# 제1부 구약

1 시작과 원리 / 2 구원과 경배 / 3 너희는 거룩하라 /
4 광야에서 가나안으로 / 5 말씀에 순종하라 / 6 가나안정복 /
7 사사들에 대한 기록 / 8 영적인 분별력과 축복 / 9 통일왕국 /
10 이스라엘의 두 번째 왕 다윗 / 11 통일왕국과 분열 /
12 왕들의 역사와 포로 / 13 다윗의 족보와 정치 / 14 솔로몬과 유다의 열왕
15 성전 재건과 개혁 / 16 성전 재건과 회복 / 17 보호하시는 하나님 /
18 하나님의 주권 / 19 감사와 찬양 / 20 지혜와 금언 / 21 인생과 철학 /
22 사랑의 노래 / 23 심판과 구원 / 24 유다의 심판 경고 /
25 애국의 눈물 / 26 영광의 상실과 회복 / 27 세계를 통치하시는 하나님 /
28 사랑과 구원 / 29 여호와의 날 / 30 공의와 심판 / 31 에돔의 멸망 /
32 회개와 구원 / 33 소망과 예언 / 34 원수의 멸망 / 35 신앙의 부흥 /
36 심판과 구원의 날 / 37 성전건축 독려 / 38 미래의 예언 /
39 신앙에 대한 경고

# 1 시작과 원리

## 창세기

(창 1:27-28) 암송 창 3:15

"내가 너로 여자와 원수가 되게 하고 네 후손도 여자의 후손과 원수가 되게 하리니 여자의 후손은 네 머리를 상하게 할 것이요 너는 그의 발꿈치를 상하게 할 것이니라 하시고."

### 1. 서언

유대인들은 창세기라는 표제가 없고 본서의 첫째 말인 '태초' 에라는 뜻의 '브레쉬(Breshith)를 책 이름으로 붙였다. 탈무드 시대에는 "세계 창조의 책" 이라고 불렀다. 창세기란 표제는 2장 4절의 "이것이 천지창조의 대략" 이란 구절을 70인역 헬라어본에서 히브리어 '톨레돗' (toledoth: 세대, 자손, 후손)을 헬라어 '게네세오스' (Geneseos: 기원, 생성, 근원, 원천)로 번역하고 이를 명칭으로 정하였다. 따라서 영어성경은 이 명칭을 따라 이 책을 "Genesis" 라 이름하였고, 한글 성경은 "창세기" 라고 명명하였다.

제목에서 알 수 있듯 창세기는 모든 것의 시작을 말하고 있으며,

또한 원리를 말하는 책이다. 이 땅에서 살아가는 동안 모든 삶의 영역에서의 원리를 보여 주고 있는 성경인 것이다.

첫 부분인 1장 1절-25장은 세계의 시작, 1장 26절-2장 25절은 인류의 시작, 3장 1-7절은 죄의 시작, 3장 8절-24장은 구원의 약속, 4장 1-15절은 가족의 생활, 4장 16절 이하는 문명의 시작, 10-11장은 세상 국가들, 12장 이하는 히브리 민족의 시작과 족장들에 대해 기록하고 있다.

## 2. 내용 구조와 장별 제목

### 1) 구조

세계와 사람의 창조, 하나님과 사람 사이의 언약, 사람의 타락, 은혜의 언약, 족장들의 생활을 다루고 있다. 1부는 창조로부터 아브라함을 부르시기까지(1-12장), 제2부는 족장들의 소명과 준비를 말하고 있다.

### 2) 장별 제목

1장 천지창조, 2장 에덴동산, 3장 타락과 원시 복음, 4장 가인과 아벨, 5장 승리와 위안, 6장 방주, 7장 은혜의 기회, 8장 영에 속한 자, 9장 은혜와 실패, 10장 권고받는 인류, 11장 반역 행동과 파멸, 12장 소명과 언약, 13장 독립 신앙의 분기점, 14장 아브라함의 구령 열정, 15장 신앙과 칭의, 16장 신앙의 실패, 17장 완전한 생활, 18장 도고의 기도, 19장 능력 없는 증인, 20장 실패와 하나님의 은혜, 21장 언약의 성취, 22장 완전한 헌신, 23장 슬픔과 소망, 24장 전도자와 신부, 25장 탐욕의 경계, 26장 은혜와 사랑의 승리, 27장 하나님의 뜻과 사람의 실패, 28장 하늘의 사닥다리, 29장 사랑의 수고, 30장 불성실과 책략, 31장 하나님의 보호와 사람의 태도, 32장 기도의 승리, 33장 불신과 반(反)복종, 34장 신앙 실패의 재화, 35장 부르심과 축복, 36장 천국과 세상의 다른 축복, 37장 그리스도의 모형, 38장 부부도의 모독과 은혜, 39장 승리, 40장 시련과 연단, 41장 구원의 때, 42장 역경 극복, 43장 불타는 사랑, 44장 구령의 열정, 45장 사랑과 구원의 마음, 46장 하나님의 인도, 47장 복종과 안전, 48장 목자와 구주 되신 하나님, 49장 유다 지파, 50장 신앙의 행위와 불신앙의 공포.

## 3. 메시지

창세기는 모든 것의 시작과 이 땅에서의 삶의 원리를 지금도 우리에게 보여 주는 말씀이다.

(1) 하나님의 의도를 알라(1:27-28) - 사명의 원리

(2) 에덴을 지켜라(3장, 죄와 사탄을 이겨라) - 누림의 원리

(3) 언약을 잡아라(3:15, 12:1-3) - 승리의 원리, 노아, 아브라함과 세 족장, 생육 번성, 충만 정복

(4) 정복하라 - 세계 복음화의 원리 - 성공의 원리, 아브라함: 언약, 이삭: 순종, 야곱: 연단, 요셉: 정복

# 2 구원과 경배

## 출애굽기

(출 3:1-12) 암송 출 3:8

"내가 내려가서 그들을 애굽인의 손에서 건져내고 그들을 그 땅에서 인도하여 아름답고 광대한 땅, 젖과 꿀이 흐르는 땅 곧 가나안 족속, 헷 족속, 아모리 족속, 브리스 족속, 히위 족속, 여부스 족속의 지방에 데려가려 하노라."

### 1. 서언

출애굽기에는 두 가지가 기록되어 있다. 1-19장은 애굽으로부터 구원받는 이스라엘 백성의 역사를, 20-40장은 시내산에서 받은 하나님을 잘 섬기는 성막 건축과 경배에 관한 말씀이다.

출애굽기란 명칭은 '웨엘레 쉐모트'란 말로 '그 이름들은 이러하니'란 뜻이다. 그러나 70인역에서는 "엑소더스"란 말로 '나온다'라는 뜻이다. 모세오경의 두 번째 책으로 저자는 모세이며, 기록 연대는 대개 BC 1440-400년경으로 추정한다.

출애굽기에는 하나님께서 보잘것없는 이스라엘 백성들을 출애굽시키시고 온 세상의 구원을 위한 제사장 백성으로 삼고 성막을 지어 백성과 함께 하시고자 하는 하나님의 의도가 나타난다.

하나님은 역사의 주관자이시며 이 땅의 구원자라고 하는 것이 이 글의 중심 사상이다.

## 2. 내용 구조와 장별 제목

### 1) 구조

구속의 모형으로 죄악 세상인 애굽에서 하나님의 백성이 구출되는 것으로, 이는 그리스도의 보배로운 피로 구원받는 하나님의 자녀들의 모습을 보여 준다. 우리가 그리스도의 보배로운 피로 말미암아 이 세상과 마귀의 힘에서 구출되는 과정을 보여 주는 것이기도 하다. 장막의 구조는 하나하나가 모형이 되며 구속의 은혜를 맛볼 만한 교훈이 된다.

### 2) 장별 제목

1장 애굽의 노예 생활, 2장 모세의 출생, 3장 모세의 소명, 4장 애굽으로 돌아가는 모세, 5장 바로의 압제, 6장 하나님의 위로와 약속, 7장 두 번째 요구와 첫 재앙, 8장 개구리 이 파리 재앙, 9장 악질 독종 우박 재앙, 10장 메뚜기 흑암 재앙, 11장 마지막 재앙의 경고, 12장 출애굽과 첫 유월절, 13장 구름기둥 불기둥, 14장 홍해가 갈라짐, 15장 감사와 찬양, 16장 만나와 메추라기, 17장 반석에서 터진 샘물, 18장 모세와 이드로의 재회, 19장 시내산의 현현, 20장 십계명, 21장 종 살인 불효 배상의 법, 22장 절도 손해 배상 간음에 관한 규례, 23장 안식 절기 규례, 24장 언약과 맹세, 25장 성소와 지

성소, 26장 성막의 양식, 27장 번제단 뜰의 모형, 28장 제사장의 거룩한 옷, 29장 제사장 위임식 규례, 30장 분향단 향 제조법, 31장 안식일 규례, 32장 금송아지, 33장 하나님의 영광, 34장 두 번째 십계명, 35장 성막을 위한 헌금, 36장 성막 건축의 시작, 37장 성막 기구 제작, 38장 성막 기구와 재료 총계, 39장 제사장의 의복, 40장 성막 봉헌식

## 3. 메시지

(1) 출애굽하여 자유한 백성처럼 죄에서 구원받은 자가 영적 이스라엘 자손이다.

(2) 구속은 유월절의 어린양 피로 이루어진 것처럼 그리스도로 구원이 시작된다.

(3) 구원받은 백성이 가나안에 정착하는 길은 말씀대로 순종하는 것이 지름길이다.

(4) 하나님과 함께 살기 위해 하나님의 집을 짓고 예배 중심으로 살아야 한다(25-40장).

(5) 말씀에 순종하고 살면 하나님이 가나안의 젖과 꿀을 주신다(신 8:3; 고전 10:1-10).

# 3 너희는 거룩하라

## 레위기

(레 19:2) 암송 레 19:2

"너는 이스라엘 자손의 온 회중에게 말하여 이르라 너희는 거룩하라 이는 나 여호와 너희 하나님이 거룩함이니라."

### 1. 서언

많은 구약성경의 제목과 마찬가지로 이 책의 히브리 명칭도 그 첫 단어를 딴 바이이크라(וַיִּקְרָא)이다. 이 말은 '그리고 그(여호와)가 부르셨다' 는 뜻이다(참조. 1:1).

레위기는 제사법에 관한 책이다. 그러나 레위기를 단순히 제사장을 위한 참고서라고 볼 수는 없다. 이 책은 구약의 언약 백성들이 하나님 앞에 나아가는 방법(거룩, 성결, 구속)을 가르쳐 주는 책이다. 그러므로 신약 성도들에게도 깊은 의미를 주는 메시지가 수없이 담겨져 있다.

신약 교회와 관련지어서 레위기를 설명한다면 "그리스도의 보혈이 넘쳐 흐르는 책"이라고 할 수 있다. 특히 본서는 하나님의 거룩함과 하나님을 거룩하게 섬겨야 하는 인간의 성결 의무에 대해 강조하고 있다.

## 2. 내용 구조와 장별 제목

### 1) 구조

레위기는 모세오경 중 하나로 저자는 모세이며 성막을 건립하고 인구 조사를 하는 동안 기록된 것이며 출애굽 제2년 초(BC 1445년경)에 기록된 것으로 추정한다. 레위기에는 죄 많은 인간이 거룩한 하나님께로 나아갈 수 있는 방법이 나와 있다. 레위기에는 음식에 대한 규례와 제사장이 지켜야 할 성결, 그리고 정결한 음식과 부정한 음식의 선택 기준뿐 아니라, 아사셀의 광야에 버려진 속죄 염소의 기이한 기록이 포함되어 있다. 레위기의 주요 사상은 성결, 희생, 그리고 속죄로 요약될 수 있다.

### 2) 장별 제목

1장 번제, 2장 소제, 3장 화목제, 4장 속죄제, 5장 속건제, 6장 제물, 7장 제사장의 몫, 8장 아론 가문 제사장 위임, 9장 첫 제사, 10장 잘못 드린 제사, 11장 정한 동물과 부정한 동물, 12장 여인의 정결 규례, 13장 나병 구별 방법, 14장 나병자 정결 규례, 15장 유출병과 정결 규례, 16장 속죄일, 17장 피의 규례, 18장 성 윤리, 19장 사회 질서, 20장 사형, 21장 제사장의 성결에 관하여, 22장 관원을 위하여, 22장 성물과 희생 규례, 23장 6대 명절과 절기, 24장 신성모도죄, 25장 안식년과 희년, 26장 축복과 저주, 27장 서원 규례.

## 3. 내용

레위기의 주제는 한마디로 요약하면 구별된 성결의 삶이다. 하나님은 애굽에서 이스라엘 공동체를 끌고 나와 약속된 민족으로서, 하나님이 선택한 민족으로서, 구별된 민족으로서 성결의 삶을 가르치신다. 적막한 황무지 광야로 데리고 나와 물과 만나 메추라기 등의 하늘의 것으로 의식주를 해결하여 주시면서 하나님과 동거하며 엄격한 성결의 생활과, 하나님을 섬기는 법과 세상 사람들과 다른 구별된 삶을 요구하신다. 광야에서는 세상에서와 같이 부를 축적할 수 없다. 하루하루 일용할 양식을 주시고 오래 정착하지 않게 밤이든 낮이든, 불기둥과 구름기둥으로 이스라엘 공동체를 이동하게 하시니 경치가 좋다고 머무를 수 없고, 피곤하다고 정착할 수 없다.

여호와 하나님의 지시대로 움직여야 한다. 처음부터 엄격한 하나님과의 관계와, 지나칠 정도로 성결한 생활과, 구별된 민족으로서 세상 사람들과 섞이는 것조차 금하셨던 하나님과 이스라엘 공동체. 하나님의 말씀대로 살면 충분한 식물이 주어지고, 하나님의 법도를 무시하면 땅의 소산이 끊기며 모든 불행과 질병이 엄습할 것이다. 이 세상의 삶은 무엇을 이루는 데 있는 것이 아닌, 나 자신을 성결케 하여 구별되고, 죄에 빠지지 않고 성결한 생활로 하나님의 부름에 따르는 것이다. 구약시대처럼 번제와 소제, 화목제 등의 의식은 못하지만 나 자신의 성결한 삶과 구별된 자로서 하나님의 음성을 듣고 따르는 것이다.

## 4. 메시지

레위기는 택함받은 백성이 하나님께 나아갈 수 있는 경건한 방법을 제시하는 책으로 제사법과 제사법으로 하나님과 동행하는 방법을 제시하는 말씀이다.

(1) 하나님께로 나아가는 길이 있다.

제물로(1-6:8), 성별하여(8-9장), 순결하여(11-15장), 대속으로(16-17장).

(2) 하나님과 함께 동행하라.

거룩한 백성으로(18-20장), 거룩한 제사장으로(21-22장), 거룩한 절기로(23-25장).

(3) 축복의 백성이 되라(26-27장).

순종으로 받는 복(26:1-13), 불순종으로 받는 저주(14-33장), 결과(34-46장).

# 4 광야에서 가나안으로

## 민수기

(민 22:21-35) 암송 민 14:28

"그들에게 이르기를 여호와의 말씀에 내 삶을 두고 맹세하노라 너희 말이 내 귀에 들린 대로 내가 너희에게 행하리니."

### 1. 서언

사람은 누구에게나 광야가 있다. 광야의 길을 걸어갈 때, 어떻게 성공적으로 살 것인가를 본서의 말씀이 제시해 준다. 출애굽기는 인생이나 신앙생활에 광야가 다가오면 어떻게 극복할 것인지 알려 주는 교과서이다.

히브리어 성경에는 첫 글자를 따서 '베미드바르'(광야에서)라고 되어 있다. 70인역에는 '아리트모이'(계수)로 되어 있고, 라틴어 역인 벌게잇도 70인역을 따르고 있다. 제사법은 이미 주셨고, 약속의 땅을 향하여 행진할 준비가 이미 다 되어 있었다. 그리하여 시내산을 출발하기에 앞서 백성을 계수하고 행진의 대오를 정리하게 되었다.

## 2. 내용 구조와 장별 제목

### 1) 구조

본서의 저자는 모세로서 “여호와께서 모세에게 이르시되”라는 말이 무려 80회나 나온다. BC 1440-1400년경에 쓰여졌으며, 기록 목적은 하나님이 선택한 백성은 불평과 원망 없이 순종하며 끝까지 복종할 때 가나안을 정복할 수 있다는 것을 보여 주기 위함이다. 1장-10장 10절까지 수 주간은 시내산에서의 준비, 10장 11절-22장 1절은 모압으로의 광야 여정, 22장 2절-36장까지는 약속의 땅 앞에서 수개월을 보내며 최종 준비를 하는 내용이 기록되었다. 책 이름대로 인구조사는 두 번을 하는데 20세 이상 인구는 38년 전 1차 때보다 1,820명이 감소한 601,730명이었다(26:51).

### 2) 장별 제목

1장 1차 인구조사, 2장 진 편성 및 행진 순서, 3장 레위인의 역할, 4장 레위 족속의 임무, 5장 진의 정결과 의심의 법, 6장 나실인 정결 의식, 7장 성막봉헌 예물, 8장 레위인 정결 의식, 9장 사고자의 두 번째 유월절, 10장 바란으로 출정, 11장 백성들의 불평, 12장 미리암의 비방과 벌, 13장 열두 정탐군, 14장 하나님의 진노, 15장 가나안 입국 후 제사법, 16장 고라 · 다단 · 아비람 · 온의 반역, 17장 아론의 싹 난 지팡이, 18장 레위인의 역할과 기업, 19장 정결의식, 20장 미리암의 죽음과 모세의 실수, 21장 놋뱀과 요단 동쪽의 점령, 22장 모압 왕이 발람을 초청, 23장 발람의 예언, 24장 발람의 예언, 25장 모압 여자들과 음행, 26장 두 번째 인구조사, 27장 모세의 후계자 여호수아, 28장 절기와 제물 규례, 29장 절기 규례, 30장 서원에 관한 명령, 31장 미디안 격파, 32장 요단 동쪽으로 르우벤 · 갓 족속 정착, 33장 애굽에서 모압까지의 여정, 34장 가나안 땅의 기업 분할, 35장 레위인의 성읍과 도피성, 36장 슬로브핫 딸들의 유산(여성 상속).

## 3. 내용

(1) 인도 - 하나님의 명령에 따라 구름기둥과 불기둥으로 인도(민 9:15-23).

(2) 구원 - 모세를 향한 원망에 불뱀을 보내 죽게 했으나 놋뱀을 만들어 장대 위에 달아 세움(민 21:6-9).

(3) 늙은 세대가 가나안에 들어갈 수 없다는 것에서 볼 수 있는 하나님의 엄위하심(시 39:7, 107:8, 욥 34:12; 렘 30:24).

(4) 가나안을 점령하기 전까지 지켜지고 유지되고 준비된 새로운 세대 가운데서 볼 수 있는 하나님의 자비하심.

(5) 자기 과신에 대한 경고, 출애굽한 사람들이 광야에 엎드러짐으로 생을 마감하리라곤 결코 생각지 않았을 것이지만 그런 일이 벌어짐.

(6) 불신앙에 대한 경고.

## 4. 메시지

(1) 구름 기둥과 불기둥으로 인도하시는 하나님의 인도를 받아

라(9:15-23).

(2) 불평 원망을 버리고 온전히 순종하는 믿음을 가져라(16장). 믿음의 입술이 복(정탐꾼).

(3) 구원의 길을 여시는 주님을 바라보면서 살아야 한다(21:6-9).

(4) 하나님의 말씀으로 사는 법을 깨달아야 한다(신 8:3-4). (예: 나귀에게 책망받는 발람)

(5) 끝까지 두려움으로 경외하라.

출애굽한 사람들이 광야에 엎드러짐으로 인생을 마감하리라곤 결코 생각지 않았을 것이지만 그런 일이 벌어졌다. 심지어 모세까지도 느보산에서 죽었다. 광야생활 여정은 우리 신앙의 거울이다. 모든 성도의 신앙이 이 광야의 길을 가고 있는 것이다. 이 광야의 길에서 승리하는 방법은 우상숭배를 버리고 하나님의 말씀에 순종하며 사명을 감당하면서 복종하는 것이다.

# 5 말씀에 순종하라

## 신명기

(신 28:1–19) 암송 신 6:4–5

"이스라엘아 들으라 우리 하나님 여호와는 오직 유일한 여호와이시니 너는 마음을 다하고 뜻을 다하고 힘을 다하여 네 하나님 여호와를 사랑하라."

### 1. 서언

이 세상을 어떻게 하면 바로 살고 복 받고 살고, 어떻게 하면 고생만 하다가 죽는가를 보여주는 말씀이다. 모세는 눈으로 그것을 보면서 살아왔다. 하나님은 모세의 입을 통해, 신명기를 통해 우리가 어떻게 잘살고 못살고가 결정되는가를 보여 주고 있다.

신명기 히브리어 성경에는 '데바림'(말씀들)이라고 하였다. 유대인들은 이 책을 '훈계의 책' 이라고 불렀다. 70인역이나 벌게잇역은 신 17장 18절의 율법서를 '등사하여' 라는 말로 '듀테로노미온'(70인역)이라고 하였다. 우리말로 신명기란 '율법의 반복' 이란 뜻이다.

## 2. 내용 구조와 장별 제목

### 1) 구조

신명기의 저자는 모세이며 본서는 BC 1446년 이후부터 1406년에 대한 회고이다. 그러므로 적어도 이때 기록된 것으로 보고 있다. 대부분 모세가 1406년 죽기 전에 기록한 것으로 보며, 모압진지에서 진치고 있을 때 선포한 세 가지 긴 설교이다.

표제는 하나님의 명령을 적은 책이라는 오해를 낳게 하지만 유대인들이 부른 이 책의 이름에는 "명령을 두루 펼치다"라는 뜻이 담겨 있다. 신명기라는 이름은 18세기 중엽 중국에서 번역된《대표역본》에서 비롯되었다. 1-4장은 지나간 역사의 사건을 소개하고, 5-26장은 가나안 정착 시의 규례를 말씀했고, 세 번째 설교는 말씀으로 인한 축복과 저주를 말하고 있다.

### 2) 장별 제목

1장 하나님의 구원에 대한 회고, 2장 전쟁에 대한 회고, 3장 요단 동편 정복과 분배에 대한 회고, 4장 이스라엘이 지켜야 할 규례와 법도, 5장 십계명과 새 시대 적용, 6장 하나님의 말씀을 지켜라, 7장 약속의 땅 정복 시 지킬 말씀, 8장 축복과 징계, 9장 자만하지 말라, 10장 새 돌판과 권고, 11장 순종에 대한 축복과 저주 경고, 12장 예배와 제사, 13장 미혹당하지 말라, 14장 거룩과 구별의 삶, 15장 안식년 규례, 16장 3대 절기, 17장 공의로 재판하라, 18장 선지자에 대한 예언, 19장 도피성 제도와 재판 규례, 20장 전쟁에 대한 규례, 21장 시체의 처리, 여자 포로, 장자의 상속권, 패역한 아들,

22장 사회생활과 이웃 사랑 규례, 23장 총회와 일반사회 규례, 24장 약자를 위한 규례, 25장 첫 열매, 26장 십일조 규례, 27장 가나안에서 선포할 규례, 28장 축복과 저주, 29장 모압 땅에서 세우신 언약, 30장 회복과 권고, 31장 마지막 명령과 예언, 32장 모세의 노래, 33장 죽기 전 12지파 축복, 34장 모세의 죽음.

## 3. 내용

신명기는 시내산에서 받은 율법에 대한 회고 및 해설로서 호렙산에서 주신 규례에 대한 모세의 첫 번째 교육과 십계명 강론의 두 번째 교육에 이어 광야생활을 회고하는 것이 전반부를 이루고 있다. 중반부는 하나님을 섬기는 법과 세상을 사는 사회법에 대한 율법을 다시 설명하고 있다. 마지막 부분에는 백성에 대한 권면과 축복, 저주에 대한 모세의 세 번째 교육이 있으며 뒤이어 모세의 후계자, 모세의 노래와 축복 그리고 모세의 죽음에 대한 기록이 담겨 있다.

## 4. 메시지

(1) 오직 말씀 순종으로 사는 것이 하나님을 잘 섬기는 것이다(6:3-9).

(2) 사람이 축복받고 사는 방법은 오직 하나님의 말씀 안에 있다(8:3).

(3) 축복과 저주를 선택하라(28장).

십계명(5:6-21), 쉐마(6:4-9), 안식년, 3대 절기, 거룩한 삶, 사랑, 첫 열매, 십일조 등 하나님의 말씀을 듣고 지키는 것이 인간이 복 받고 사는 길이다. 이스라엘 백성이 일주일에서 40일이면 통과할 수 있는 광야를 왜 40년 동안 돌았는가? 모세는 말씀에 순종했더라면 그렇게 고생하지 않고 많은 복을 받았을 것인데 말씀에 불순종하고 불평하며 산 것이 한이 되고 후회가 되어 다시는 그렇게 살지 말라고 설교한다. 하나님의 말씀대로 살면 하나님이 주시는 가나안에 빨리 정착할 뿐 아니라 시대적인 축복의 그릇이 되었을 것을 전하고 있다.

# 6 가나안 정복

## 여호수아

(수 6:8-16) 암송 수 1:6

"강하고 담대하라 너는 내가 그들의 조상에게 맹세하여 그들에게 주리라 한 땅을 이 백성에게 차지하게 하리라."

### 1. 서언

역사서의 첫번째 책의 이름은 이 책 속에 등장하는 많은 인물들 중에서 제일 두드러진 인물이다. 바로 모세의 뒤를 이어 이스라엘 민족의 영도자가 된 여호수아의 이름을 따라 붙인 것이다. 여호수아라는 이름은 '야웨는 구원이시다' 라는 뜻이다.

본서는 하나님께서 아브라함에게 약속하신 가나안 땅, 곧 선민의 국토를 선민들이 점령한 일에 대한 기록이다. 가나안에 살고 있던 여러 족속과 작은 왕국들을 몰아내고 점령하는 데 약 7년이 걸렸다. 40년 전 정탐꾼으로 가나안에 들어갔다가 다른 정탐꾼들과는 달리 용감하게 가나안에 쳐들어갈 것을 주장했던 여호수아와 갈렙만이 약속의 땅에 들어간 성인이 되었다. 광야에서 불평하며 비겁했던 대중은 모두 광야에서 죽고 그들의 자녀들만 가나안 땅에 들어갔다.

## 2. 내용 구조와 장별 제목

### 1) 구조

저자는 여호수아로 본다. 24장 26절을 보면 여호수아 자신이 본서의 어느 부분을 직접 기록한 것이 분명하고, 5장 1절과 여호수아 7장과 8장을 보면 본서 전부가 여호수아의 기록은 아니지만 그가 기록해 둔 기초적 문서가 있었을 것이 분명하다. 현재 형태로서의 본서를 여호수아 자신이 쓴 것이 아니라는 것은 본서가 여호수아가 죽은 후에 일어난 사건들을 기록하고 있다는 사실을 들 수 있다.

가나안에 들어간 후 이스라엘 민족은 원주민의 문화에 많이 영향을 받아 우상 숭배와 부도덕의 유혹을 받았다. 잔인한 전쟁의 기록인 본서는, 특히 다른 민족을 모조리 무참하게 살육하는 기록은 도덕적 면에서 문제를 제기하는 책이기도 하다.

### 2) 장별 제목

1장 후계자 여호수아, 2장 여리고 정탐, 3장 요단강 도강, 4장 기념비 세움, 5장 할례와 유월절, 6장 여리고 성 함락, 7장 아간의 범죄와 아이 성 패배, 8장 아이 성 점령, 9장 기브온과 언약, 10장 아모리 연합군 격파, 11장 가나안 북부 점령, 12장 정복한 요단 동편 왕들, 13장 정복하지 못한 땅, 요단 동쪽 땅의 분배, 14장 갈렙의 기업 요구, 15장 유다 지파의 기업, 16장 에브라임과 므낫세 자손의 기업, 17장 므낫세와 땅 분배, 18장 베냐민 자손의 분배, 19장 여섯 지파 기업 분배, 20장 도피성, 21장 레위 지파 48성읍, 22장 제단논쟁, 23장 여호수아의 유언, 24장 여호수아의 유언과 죽음.

## 3. 내용

여호수아서는 많은 신앙인의 사랑을 받았던 책이다. 하나님께서 약속하신 가나안 땅을 정복해 가는 역동적인 모습이 들어있기 때문이다. 이 책을 읽는 동안 우리는 가슴이 뜨거워지며 우리의 시대를 향해서 거룩한 비전을 세우기도 할 것이다. 아마 여러 가지 그림이 떠오를 것이다. 여리고 성을 칼과 창으로 무너뜨리지 않고, 말씀에 순종해서 "크게 소리 질러 외치니"(6:20) 무너졌다는 장면에서 자신도 모르게 환호성이 나올 것이다. 그와 동시에 하나님의 명령에 순종하는 신앙인의 모습을 그려 보게 된다.

매일마다 하루에 한 번씩 침묵으로 여리고 성을 돌고, 일곱째 날에는 일곱 번을 돌고 제사장이 나팔을 불 때 온 백성이 크게 외치라는 명령이 내게 들렸을 때, 나라면 과연 어떻게 행동했을까 하고 나의 신앙을 다시 점검해보는 것이다. 나라면 끝까지 순종했을까? 아니면 단군신화의 호랑이처럼 중도에 포기하고 그만두었을까? 그러면서 이스라엘의 순종을 다시금 가슴에 새기게 된다.

또한 갈렙이란 사람도 떠오르게 된다. 갈렙은 비록 나이가 85세의 할아버지였지만, 45년 전에 모세가 약속했던 가나안 땅을 끝까지 부여잡고, 결국 가나안의 가장 위험한 지역을 자신의 것으로 만들었다는 말씀을 읽으며(14:12-14), 거룩한 신앙 앞에서 일종의 경외감이 느껴지기도 한다. 갈렙이 얻어낸 땅은 헤브론이란 곳으로, 사실 아브라함이 거주했던 곳이며(창 35:27) 더 나아가 다윗이 처음으로 나라를 세운 곳이다(삼하 5:3).

이러한 신앙의 깊은 유산이 있는 곳은 아무에게나 허락되지 않는다는 점에서도, 갈렙의 신앙은 참으로 경외감을 갖게 한다. 이렇게 말씀을 읽으면서, 내가 바로 여호수아와 같은 하나님의 사람이 되고 싶고, 갈렙과 같은 신앙인이 되고 싶다고 생각을 갖게 되는 일은 너무나 자연스러운 일이다. 사실 여호수아 자체가 우리에게 신앙의 역할 모델로 주어진 것이기도 하다. "여호수아 본받아 앞으로 가세! 우리 거할 처소는 주님 품일세!"라고 우리가 찬양하는 것처럼, 여호수아서는 신앙의 모델로 후대인들에게 주어진 말씀인 것이다.

## 4. 메시지

### 가나안의 정복자가 되는 비결

(1) 준비하라(1-5장).

따르라(3:3), 성결케 하라(3:5), 언약궤를 따르라(3:6), 들어서라(3:8)

(2) 정복하라(6-11장).

매일 돌라(6:3), 나팔을 불라(6:4), 일에 집중하라(6:5), 무장하라(6:7).

(3) 분배하라(13-21장).

(4) 성별하라(22-24장).

# 7 사사들에 대한 기록

## 사사기

(삿 2:16–17) 암송 삿 2:6

"전에 여호수아가 백성을 보내매 이스라엘 자손이 각기 그들의 기업으로 가서 땅을 차지하였고."

### 1. 서언

책의 제목은 히브리어로 '쇼페딤'(Shô-peṯim)으로 재판관, 행정 지도자를 의미하며, 또한 70인역 역시 '크리타이'(Kritai)로 재판관을 의미한다.

여호수아의 지도 아래 가나안에 도착한 이스라엘의 새 세대들은 전략적인 요충지를 점령하고 각 지파들이 그들에게 할당된 땅에 정착한다. 그러나 당시 하나님의 축복을 받아 가나안에 정착하게 된 이스라엘 백성들은 하나님께서 요구하시는 거룩한 삶을 살지 못하고, 오히려 급속히 이방문화와 죄악에 젖어들었다. 이것은 가나안 정복에 있어 가나안 주민의 완전 섬멸이라는 하나님의 명령을 어기고 가나안 족의 일부를 남겨둔 결과였다. 이로 인해 타락과 우상숭배가 그들을 좀먹고 철제무기를 사용하는 이방인들의 압제가 그들을 괴롭힐 때 하나님께서는 매번 믿음의 영웅, 즉 사사들을 세워 그들에게 구원의 길을 마련해 주셨다.

## 2. 내용 구조와 장별 제목

### 1) 구조

사사기의 내용은 이스라엘 자손들이 하나님을 신뢰하고, 하나님을 버리고, 그들의 원수들에게 패배당하고, 사사들을 통해 구출되고, 타락하는 것으로 구성된다(1:1-2, 2:11-3:11). 하나님을 신뢰하던 이스라엘 자손들이 하나님을 버렸을 때, 그들은 원수들에게 패배당하였다. 비참한 상황에 처한 이스라엘 민족이 회개하자, 주님은 긍휼히 여기심으로 사사들을 일으켜 그들을 구출하셨다. 그러나 이스라엘 자손들은 구출된 후에 다시 타락했다. 이 모든 것이 사사기에서 계속 되풀이되는 순환이다.

사사기의 중심 사상은 이스라엘이 하나님을 버렸고, 그들의 원수들에게 패배당했으며, 부패하게 되었다는 것과 그들 가운데 왕이 없었으므로 모든 사람이 각각 그 소견에 옳은 대로 행하였다는 것이다(17:6, 18:1, 19:1, 21:25). 사사기는 세 부문으로 나뉜다. 즉 이스라엘이 하나님을 신뢰함(1:1-2:5), 이스라엘이 하나님을 버림(그들의 패배당함과 회개와 하나님의 건져내심으로 구성됨)(2:6-16:31), 이스라엘이 부패하게 됨(17:1-21:25)이다.

### 2) 장별 제목

1장 유다 · 시므온 · 베냐민 지파의 가나안 승리, 2장 여호와의 사자가 나타남, 여호수아의 죽음, 이스라엘의 죄악, 3장 가나안에 남겨진 이방인들, 사사 옷니엘 · 사사 에훗 · 사사 삼갈, 4장 사사 드보라, 5장 드보라와 바락의 승리의 찬송, 6장 사사 기드온, 7장 기드온이 미디안을 쳐 이기다, 8장 기드온이 미디안을 점령하다, 9장 아비멜렉이 형제들을 죽이고 이스라엘을 다스리다 죽다, 10장 사사 돌라 · 사사 야일 · 이스라엘의 범죄, 11장 입다의 서원과 승리, 12장 입다와 에브라임의 싸움, 사사 입산과 압돈, 13장 삼손의 출생, 14장 삼손의 결혼, 15장 삼손이 블레셋을 치다, 16장 삼손과 들릴라, 삼손이 죽다, 17장 미가와 그 집의 제사장, 18장 미가와 단 지파, 19장 레위 사람과 그의 첩의 죽음, 20장 이스라엘과 베냐민 자손이 서로 싸우다, 21장 베냐민 자손의 아내들.

## 3. 메시지

"왕을 왕 되게 하라."

사사기는 왕이신 하나님을 버리고 우상숭배에 몰두한 이스라엘의 영적 타락상을 고발하는 책이다. 이스라엘 백성들은 신정정치를 배격하고 "각기 자기의 소견에 옳은 대로" 행하기를 즐겼다. 사사기는 이런 이스라엘 백성들에게 "왕을 왕 되게 하라"(Let King be King)는 강력한 메시지를 던지고 있다. "왕을 왕 되게 하라"는 사사기의 중심 메시지는 오늘 우리에게 내 인생의 왕은 누구이며, 나의 시간, 은사, 물질의 왕이 누구인가를 묻고 있다.

## 범죄 → 징계 → 회개 → 구원

사사기에는 이 네 개의 주제가 하나의 사이클을 이루며 반복적으로 나타나는데, 예수 그리스도의 구원사의 표징이기도 하다. 이 주제를 통하여 우리는 우리 시대 기독교의 실상을 볼 수 있다. 물질주의, 기복주의가 얼마나 허황된 것인지를 보게 되며, 교회의 혼합주의의 위험과 안일과 나태의 실상을 보게 된다.

하지만 사사기는 이러한 인간의 약점이나 범죄보다 하나님의 은혜가 더욱 크다는 사실을 보여 준다. 절망이 아닌 희망을 선포하며, 하나님께서 우리를 포기하지 않으시고 버리지 않으셨음을 보게 될 것이다.

(1) 말씀에 순종하라(2:2-3) - 순종이 축복이며 불순종에 화가 있다.

(2) 하나님을 버리지 마라(2:11-15).

(3) 회개하고 돌아오라(2:17-18).

(4) 죄를 반복하지 마라(2:19-23).

(5) 영적인 지도자를 잘 따르라(옷니엘 - 유다, 에훗 - 베냐민, 삼갈 - 유다 혹은 납달리), 드보라와 바락, 기브온 - 므낫세, 돌라 - 잇사갈, 야일 - 길르앗, 입다 - 길르앗, 입산 - 유다, 엘론 - 스불론, 압돈 - 에브라임, 삼손 - 단, 엘리 - 레위, 사무엘 - 에브라임).

# 8 영적인 분별력과 축복

## 룻기

(룻 1:1-22) 암송 룻 1:16

"룻이 이르되 내게 어머니를 떠나며 어머니를 따르지 말고 돌아가라 강권하지 마옵소서 어머니께서 가시는 곳에 나도 가고 어머니께서 머무시는 곳에서 나도 머물겠나이다 어머니의 백성이 나의 백성이 되고 어머니의 하나님이 나의 하나님이 되시리니."

### 1. 서언

히브리 맛소라 성경은 책명을 책의 주인공인 룻을 따라 '룻' 이라 부른다. 희랍어 70인역(LXX)도 '룻' 이라 부른다. 라틴역인 벌게이트역은 'Liber Ruth' 라 부르며, 우리 한국말 성경도 이를 따라 책명을 '룻기' 라 한다. 본서는 각 페이지마다 중심인물의 이름을 제목으로 삼고 있다.

이 책은 다윗의 혈통에 비(非) 이스라엘 계통의 피가 섞였음을 설명해 주고, 이것이 다윗 왕의 가계에 나타난 한 일화임을 말하려는 것에 목적이 있다. 이 책은 또한 회개한 이방인일지라도 하나님의 구속받은 백성의 교제로 들어오는 것을 기뻐하시는 그분의 은혜가 얼마나 크고 넓은지를 가르쳐 준다. 무엇보다 이 이야기는 고멜(gōēl), 즉 친족 구원자의 역할을 보여 주고 있다.

## 2. 내용 구조와 장별 제목

### 1) 구조

본서는 다윗 왕의 증조모인 룻이라는 한 모압 여자의 생애를 내용으로 하고 있다. 본서의 저자는 탁월한 문학적 재능을 가지고 전원시같이 아름답게, 히브리 사람들이 멸시하는 이방인 그것도 여자의 이야기를 써 놓았다.

엘리멜렉이라는 한 히브리 사람이 가족과 함께 모압으로 이사가서 살고 있었다. 그런데 가장인 엘리멜렉이 객사하고 미망인 나오미는 역경 중에서도 두 아들을 길러 모압 여자에게 장가들게 하고 위로를 받으며 살았다. 그러나 불행은 계속되어 두 아들 역시 일찍 죽고 말았다. 불행한 나오미는 고국으로 돌아가 살기로 작정하고 두 며느리에게는 개가하여 각자 길을 찾아 가라고 하였다. 이에 큰며느리 오르바는 떠나갔으나 둘째 며느리 룻은 시어머니와 운명을 같이 하겠다고 한사코 떠나가지 않았다. 고국에 돌아온 후에도 시어머니를 정성으로 봉양하던 룻은 후일에 시가의 친척이며 재산도 있고 인격도 훌륭한 보아스의 아내가 되었으며, 그들 사이에서 오벳을 낳았고 오벳은 이새라는 아들을 낳았으며, 이새는 다윗 왕을 낳았다.

### 2) 장별 제목

1장 나오미와 룻이 베들레헴으로 돌아오다, 2장 보아스가 룻을 도와주다, 3장 나오미와 룻이 보아스에게 기업 무르기를 원하다, 4장 룻이 보아스와 결혼하여 아들을 낳다.

## 3. 내용

룻기의 중심 사상은 이방인인 한 모압 여인까지도 그녀를 구속한 거룩한 선민 한 사람과 연합함으로 말미암아 하나님의 거룩한 선민에 들 수 있고, 또 거룩한 기업에 참여하는 상속자가 될 수 있다는 것이다. 이것은 단순한 예표가 아니라, 이방 죄인들이 그리스도의 구속으로 말미암아 그리스도와의 연합 안에서 하나님의 선민 이스라엘과 함께 신성한 기업 안으로 이끌려지는 것에 대한 완전한 예시이다.

룻기는 여섯 부문으로 되어 있다.

(1) 엘리멜렉이 하나님의 경륜 안에 있는 안식에서 벗어남. 첫 번째 부문(1:1-2)은 하나님의 선민 중 한 사람인 엘리멜렉이 하나님의 경륜 안에 있는 안식에서 벗어났음을 보여 준다.

(2) 나오미가 하나님의 경륜 안에 있는 안식으로 돌아옴. 두 번째 부문(1:3-7, 19-22절)은 나오미가 하나님의 경륜 안에 있는 안식으로 돌아오는 것에 관계된다. 엘리멜렉이 이 안식에서 벗어난 반면, 나오미는 안식으로 돌아왔다.

(3) 룻이 그녀의 목표를 위해 선택함. 몇몇 해석가들은 룻의 결심이나 결정에 대해 말한다. 그러나 우리가 룻기에서 보는 것은 단

지 그녀의 결심이나 결정만이 아니라, 목표를 위한 그녀의 선택이다. 이것이 이 책의 세 번째 부문에 기술되어 있다.

(4) 룻이 그녀의 권리를 행사함. 이 책의 다음 부문(2장)은 룻이 그녀의 권리를 행사한 것을 다룬다. 그녀는 목표에 관해 선택한 후에 그녀의 권리를 행사했다.

(5) 룻이 그녀의 안식을 추구함. 이 책의 다섯 번째 부문(3장)은 룻이 그녀의 안식을 추구하는 것을 다룬다. 룻은 목표를 위하여 선택을 함으로써 그녀에게 주어진 권리를 행사한 후에, 지혜로 그녀의 안식을 찾았다.

(6) 하나님의 경륜을 위한 룻의 보상. 룻은 하나님의 경륜을 위한 행동에 절대적이었으므로 하나님께 보상을 받았다. 하나님의 경륜을 위한 룻의 보상은 이 장의 마지막 부문인 4장에서 다뤄진다.

## 4. 메시지

이방 죄인들이 그리스도의 구속으로 말미암아 그리스도와의 연합 안에서 하나님의 선민 이스라엘과 함께 신성한 기업 안으로 이끌려지는 것에 대한 완전한 예시이며 룻과 같은 성도들이 마지막 날에 신랑 되신 주님과 영원한 행복을 누릴 환상을 보여주는 것이다.

1) 언양을 잡으라(1:1-2) - 언약을 떠난 것이 문제 - 모압은 언약의 땅이 아니다.

2) 돌아가라(1:6-7) - 가나안 귀향 결심 - 가나안(그리스도)으로 돌아가면 산다(창 12:1).

3) 룻의 분별력을 가지라(1:16) - 놀라운 룻의 태도

4) 하나님이 준비하시게 하라(2:11-12) - 숫양을 준비시키듯 하나님은 보아스를 준비했다.

5) 언약의 성취(3:8-12) - 가나안이 안식과 복을 누리게 된다.

6) 하나님의 기업을 이루게 된다(4:12-14) - 룻이 결혼하여 아들을 낳는다. 이것은 마치 성도들이 마지막 날 신랑 되신 그리스도를 만나 영광에 들어갈 것을 그림처럼 보여 준다.

# 9 통일 왕국

## 사무엘상

(삼상 15:10-23) 암송 삼상 12:14

"너희가 만일 여호와를 경외하여 그를 섬기며 그의 목소리를 듣고 여호와의 명령을 거역하지 아니하며 또 너희와 너희를 다스리는 왕이 너희의 하나님 여호와를 따르면 좋겠지마는."

### 1. 서언

히브리어 성경에는 사무엘상과 사무엘하가 합하여 한 책으로 되어 있다. 이 책의 명칭은 본서의 주인공인 사무엘의 이름을 딴 것이다. 그 까닭은 본서에서 가장 중심적인 인물이 사무엘이며 다른 두 주동 인물, 즉 사울과 다윗을 기름 부어 왕을 삼은 사람이기 때문이다. 70인역의 번역자들은 본서를 두 부문으로 나누고 제1왕국기, 제2왕국기라고 불렀으며, 열왕기도 둘로 나누어 제3왕국기, 제4왕국기라고 불렀다.

## 2. 내용 구조와 장별 제목

### 1) 구조

본서의 저자는 분명하지 않다. 사무엘이 본서 전체의 저자가 될 수 없는 이유는 그의 죽음에 대한 기사가 사무엘상 25장 1절, 28장 3절에 기록되어 있고 또 그가 죽은 후에 일어난 사건들이 기록되어 있는 것을 보아 알 수 있다. 본서는 왕국 분열 직후에 살았던 유대의 한 선지자가 하나님의 영감을 받아 이미 기록되었던 문헌을 기초로 하여 기록한 것으로 보고 있다. 사무엘은 마지막 사사(7:6, 15-17)이면서 동시에 선지자(3:20)였다.

### 2) 장별 제목

1장 한나의 기도, 2장 바쳐진 사무엘, 3장 하나님의 동행, 4장 엘리 집의 저주, 5장 블레셋에게 빼앗긴 언약궤의 저주, 6장 언약궤 돌아옴, 7장 사무엘의 통치, 8장 왕을 요구함, 9장 사울을 왕으로 세우게 하심, 10장 사울이 왕이 됨, 11장 암몬과의 전쟁 승리, 12장 사무엘의 당부, 13장 이스라엘과 블레셋의 전쟁, 14장 요나단의 블레셋 습격, 15장 불순종하는 사울, 16장 다윗에게 기름 부음, 17장 골리앗을 이김, 18장 다윗이 사울 왕의 사위가 됨, 19장 사울이 다윗을 죽이려 함, 20장 요나단이 다윗을 사랑하여 도와줌, 21장 다윗의 피신, 22장 사울이 놉의 성읍 사람들을 죽임, 23장 다윗의 엔게디 굴 피신, 24장 다윗이 사울을 살려줌, 25장 사무엘의 죽음, 26장 다윗이 사울을 다시 살려줌, 27장 다윗이 블레셋의 아기스 왕에게로 피신, 28장 사울이 신접한 여인을 찾음, 29장 블레셋 수령들이 다윗을 믿지 않음, 30장 다윗이 아말렉을 치고 승리함, 31장 사울과 요나단의 죽음.

## 3. 내용

특별히 사무엘서는 약점을 지닌 동시에 믿음의 사람이었던 다윗 왕의 이야기를 통해 이스라엘의 왕정 시대에 전개된 하나님의 이야기를 들려준다. 다윗과 맺은 하나님의 언약은 유대 메시야주의의 토대가 되었고, 마침내 다윗의 진정한 후손인 나사렛 예수 안에서 성취되었다.

(1) 사무엘의 이야기(1-7장)
   사무엘의 출생과 소명(1:1-4:1a)
   언약궤를 빼앗겼다가 다시 찾음(4:1b-7:17)

(2) 사무엘과 사울의 이야기(8-15장)
   왕으로 기름 부음을 받은 사울(8:1-12:25)
   사울 왕의 실패(13:1-15:35)

(3) 사울과 다윗의 이야기(16-31장)
   다윗의 등장(16:1-17:58)
   사울의 죽음과 몰락(18:1-31:13)

(4) 다윗의 이야기(사무엘하)
   유다 왕이 된 다윗의 이야기(삼하 1:1-4:12)
   이스라엘의 왕이 된 다윗의 이야기(삼하 5:1-9:13)
   다윗의 범죄와 그 결과(삼하 10:1-20:26)
   다윗과 그의 통치에 대한 최종 평가(삼하 21:1-24:25)

## 4. 메시지

사무엘상은 세 부문으로 나누어진다. 1-8장은 사무엘, 9-15장은 사울, 16-31장은 다윗에 대한 말씀이다. 사람의 마음에 든 사울과 하나님의 마음에 든 다윗을 비교하여 우리에게 잘 말해주고 있다.

(1) 문제는 기도 제목이고 기도 응답은 축복이다(2장 한나의 노래).

(2) 말씀이 없으면 역사가 없다(3:1).

(3) 참된 왕은 누구인가? - 왕 구함을 거부하는 하나님과 불순종하다가 버림받는 사울

(4) 하나님의 마음에 드는 사람이 되라(16:7, 12, 13).

# 10 이스라엘의 두 번째 왕 다윗

## 사무엘하

(삼하 12:1-12) 암송 삼하 5:4

"다윗이 나이가 삼십 세에 왕위에 올라 사십 년 동안 다스렸으되."

### 1. 서언

히브리어 성경에는 사무엘상과 사무엘하가 합쳐져 한 책으로 되어 있다. 이 책의 명칭은 본서의 주인공인 사무엘의 이름을 딴 것이다. 그 까닭은 본서에서 가장 중심적인 인물이 사무엘이며 다른 두 주동 인물, 즉 사울과 다윗을 기름 부어 왕을 삼은 사람이기 때문이다. 70인역의 번역자들은 본서를 두 부문으로 나누고 제1왕국기, 제2왕국기라고 불렀으며, 열왕기도 둘로 나누어 제3왕국기, 제4왕국기라고 불렀다.

## 2. 내용 구조와 장별 제목

### 1) 구조

본서의 저자는 분명하지 않다. 사무엘의 죽음에 대한 기사 때문에 그의 저작설을 부인하나 대개 모든 자료가 사무엘에 의해 나왔다고 볼 수 있기에 사무엘서라고 부른다. 저작 연대는 대개 다윗의 생전인 BC 11세기경으로 보는 것이 좋다. 사울과 요나단의 죽음으로 시작하고, 다윗이 예루살렘을 정복하여 정치적 · 신앙적 중심지로 삼았으며, 다윗의 승리 그리고 범죄와 고난, 회복을 통해 오늘도 말씀하고 있는 성경이다.

### 2) 장별 제목

1장 사울의 죽음, 2장 다윗의 건국, 3장 번영과 반역자의 죽음, 4장 이스보셋 암살, 5장 전체 왕이 됨, 6장 언약궤가 돌아옴, 7장 성전 건축 계획, 8장 영토 확장, 9장 사울의 집 후대, 10장 암몬 사람 물리침, 11장 다윗의 범죄, 12장 나단의 책망과 회개, 13장 암논의 근친상간, 14장 압살롬이 돌아옴, 15장 압살롬의 반역, 16장 다윗의 도피, 17장 압살롬이 다윗을 죽이려 함, 18장 압살롬의 죽음과 다윗의 비통, 19장 전투의 종결과 다윗의 환궁, 20장 세바의 반란, 21장 사울의 후손 처형, 22장 다윗의 노래, 23장 다윗의 마지막 말과 용사들의 공적, 24장 인구조사와 역병.

## 3. 메시지

사무엘하는 4부문으로 나누어진다. 1-10장은 다윗의 유다(1-4장)와 이스라엘(5-10장) 통치, 11-12장은 다윗의 범죄, 13-18장은 다윗의 고난, 19장 이하는 회복과 만년으로 나눌 수 있다. 본서는 하나님의 주권적 섭리와 범죄의 결과와 회복으로 하나님의 은총을 입은 하나님의 사람 다윗의 일생을 통해 우리에게 죄인들이 받을 수 있는 하나님의 축복을 말한다.

(1) 믿음의 사람에게 축복을 베푸신다(5:4-5).

(2) 어떤 죄라도 회개하면 산다(12장).

(3) 죄에는 값이 따른다(12:13-15) - 암논 · 다말 · 압살롬 · 요압의 반역, 시므이 저주, 도피.

(4) 회복에는 회개와 용서 그리고 인내가 필요하다(19:8-20).

다윗은 기름 부음 받은 왕으로서 영원한 통치자, 그리스도의 그림자로서의 모습을 보여준다. 죄 때문에 많은 고난을 당했고, 피눈물 나는 회개와 충성됨으로 하나님 나라의 그림자로서 통일 왕국의 영광을 보여주었다.

# 11 통일 왕국과 분열

## 열왕기상

(왕상 9:1-9) 암송 왕상 11:11

"여호와께서 솔로몬에게 말씀하시되 네게 이러한 일이 있었고 또 네가 내 언약과 내가 네게 명령한 법도를 지키지 아니하였으니 내가 반드시 이 나라를 네게서 빼앗아 네 신하에게 주리라."

### 1. 서언

열왕기상 · 하도 사무엘상 · 하처럼 히브리어 성경에는 한 권의 책으로 되어 있었다. 히브리어 명칭은 '말킴'(왕들)이다. 70인역에서는 제3왕국기, 제4왕국기라고 되어 있다.

열왕기상은 모든 왕들을 기록한 성경은 아니다. 두 부문으로 나누어져 있는데 첫 부문은 1-11장까지 솔로몬 왕과 왕국에 대한 내용이며, 12-22장은 유다와 이스라엘 사이의 반목의 내용으로 분열되는 왕국을 나타내고 있다. 그러나 열왕기하는 왕들의 역사 위주로 기록하고 있다.

## 2. 내용 구조와 장별 제목

### 1) 구조

탈무드 성경 《바바 바트라》(Baba Bathra)에 의하면 예언자 예레미야가 예레미야서와 열왕기 그리고 애가를 썼다고 되어 있지만, 여러 가지 면에서 그 주장은 불확실하다. 본서는 예레미야와 동시대의 어떤 예언자가 이미 있던 문서들을 자료로 삼아 옛 역사의 사건들에 관하여 기록한 것으로, 여호야긴이 포로로 잡혀가서 1차 귀환하는 내용이 있는 것으로 보아 BC 562-536년경으로 추정할 수 있다.

### 2) 장별 제목

1장 솔로몬이 왕이 되다, 2장 다윗이 솔로몬에게 유언하고 죽다, 아도니야 · 요압 · 시므이의 죽음, 3장 일천번제, 4장 솔로몬 왕의 영화, 5장 성전 건축 준비, 6장 하나님의 성전을 건축, 7장 왕궁 건축, 놋기둥 · 성전 기구 제작, 8장 언약궤를 성전으로 옮기고 솔로몬이 기도하다, 9장 여호와의 응답, 10장 스바 여왕의 방문, 11장 불순종과 대적, 12장 이스라엘의 분리, 13장 유다로부터 온 하나님의 사람, 14장 여로보암에 대한 심판과 르호보암의 통치, 15장 유다와 이스라엘의 전쟁, 16장 북왕국에 대한 하나님의 심판 - 바아사 · 엘라 · 시므리 · 오므리, · 아합, 17장 엘리야의 출현과 예언, 18장 갈멜산의 엘리야, 19장 엘리야가 호렙산으로 달아나다 - 엘리사를 부르다, 20장 아람과 이스라엘의 전쟁, 21장 아합 왕이 나봇의 포도원을 빼앗다, 22장 이스라엘 아합 왕이 죽다 - 시드기야.

## 3. 내용

우리는 열왕기가 단순한 역사가 아니라 "설교된 역사서"라는 것을 명심해야 한다. 열왕기상 · 하를 읽으면 열왕기가 3부 구조로서 세 부문으로 나누어짐을 쉽게 알 수 있다. 이는 솔로몬 통치(왕상 1:1-11:43)와 북방 왕국 멸망까지의 분열 왕국의 공관 역사(왕상 12:1-왕하 17:41)와 유다 왕국, 히스기야에서 바벨론 포로기까지(왕하 18:1-25:30)로 나누어진다.

첫번째 부문은 솔로몬의 내러티브로 볼 수 있다. 솔로몬의 내러티브는 열왕기 전체를 이해할 수 있는 열쇠를 제공해 준다. 솔로몬 내러티브의 구조는 둘로 나누어진다. 율법을 잘 지키는 지혜로운 솔로몬(왕상 1-11장)과 율법을 어기고 자신의 유익을 위해서 말과 여자와 부를 추구하는 솔로몬의 모습(왕상 9-11장)으로 대조된다.

두 번째 부문인 북방 왕국 멸망까지의 분열 왕국의 공관 역사(왕상 12:1-왕하 17:41)는 왕국과 동시대에 통치하던 왕들의 이야기로 "등극 공식"과 "죽음 공식"이라는 두 틀이 한 왕의 이야기를 감싸고 계속 나타남으로써 두 왕국의 왕들의 내러티브를 하나의 연속된 역사로 이어주고 있다.

특별히 열왕기는 엘리야와 엘리사 등이 어떻게 왕정이 후원하는 바알 숭배를 무너뜨리고 승리하게 되었는지를 중심에 위치시켜 말하고 있다. 바알과 하나님의 선지자들의 대조를 통해 열왕기상 · 하의 중심 주제인 인간의 주도성을 나타내는 왕들과 하나님의 지배를 받는 선지자들 사이에 나타나는 대립 구도를 강하게 드러낸다.

등극 공식에 나타나는 평가는 매우 도식적이다. 북방 이스라엘

경우는 '여로보암의 죄' 를 지었는가의 여부로, 남방 유다의 경우에는 '다윗의 길' 을 따랐는가의 여부로 간단하게 평가하고 있다. 열왕기 기자는 등극과 죽음의 공식인 프레임워크의 신학적 공식 안에서 "여로보암의 죄" 의 반복적이고 고정적인 언어의 사용을 통해서 왕국의 멸망은 죄로 말미암아 불가피한 것임을 강조하고 있다.

세 번째 부문인 유다 왕국, 히스기야에서 바벨론 포로기까지(왕하 18:1-25:30)에서는 죄로 말미암아 북방 이스라엘은 멸망당하나 이스라엘은 무려 400년 동안 다윗의 왕조가 지속된다. 이것은 여호와께서 다윗에게 주신 언약으로 인해 다윗 왕조에게 은혜를 베푸셨기 때문이다. 열왕기 기자는 여기서 이스라엘에 임한 운명과 동일한 처벌을 받지 않으려면 유다가 개혁할 필요가 있음을 은연 중에 암시한다. 그러나 히스기야와 요시야의 개혁이 있었으나 남유다 역시 죄악으로 인해 멸망하여 바벨론의 포로로 끌려가고 만다.

열왕기는 여기서 끝나지 않는다. 옥에 갇혀 있었던 여호야긴의 석방을 이야기함으로써 우리에게 희망의 메시지를 전한다. 여호야긴은 죄수로 죽지 않았고 바벨론 왕의 존경받는 손님으로 생을 마감한다. 여기서 우리는 희망의 메시지를 듣는다. 땅과 왕과 성전을 상실하고 포로로 잡혀가는 것이 모든 희망의 종결을 의미하는 것이 아니라 오히려 이것들을 상실하고 포로로 잡혀가는 것이 새로운 땅과 새로운 성전에 이르는 신앙의 길이라는 것이다. 그리고 새로운 땅과 새로운 성전으로의 회복은 하나님에게 달려 있는 것이다.

이렇게 본다면 열왕기는 회개와 신앙을 촉구하며 미래를 기대의 눈으로 바라보게 하는 희망의 메시지인 셈이다. 열왕기가 우리에게 주는 신학적 메시지는 이스라엘이 바벨론에 포로로 잡혀간 것은 여호와께서 언약을 파기한 이스라엘에게 언약의 저주로 내리신 것임을 밝힘으로써 열왕기는 여호와께서 역사의 주인이심을 선언한다. 그리고 열왕기는 왕들과 백성들의 죄를 상세히 기록함으로써 회개할 것을 촉구한다. 열왕기에서는 다윗의 언약이 왕의 행동에 의존하는 것으로 재해석되지만 열왕기상 9장의 "왕조 하사 계약"을 통해 우리는 다윗의 언약이 아직 유효함을 보며, 마지막 여호야긴 왕의 석방과 바벨론 왕의 식탁에서의 영예를 통해 그 희망을 볼 수 있다.

## 4. 메시지

(1) 지도자는 지혜로워야 하며 끝까지 잘하라(2:12).

(2) 하나님의 집을 잘 짓고 잘 섬겨라(9:-1-9).

(3) 반역과 우상을 버려라(13:33-34).

(4) 엘리야의 특심을 가져라(19:9-10).

(5) 아합의 욕심과 우상을 버려라(21:19).

# 12 왕들의 역사와 포로

## 열왕기하

(왕하 17:16-18) 암송 왕하 23:27

"여호와께서 이르시되 내가 이스라엘을 물리친 것같이 유다도 내 앞에서 물리치며 내가 택한 이 성 예루살렘과 내 이름을 거기에 두리라 한 이 성전을 버리리라 하셨더라."

### 1. 서언

열왕기상 · 하도 사무엘상 · 하처럼 히브리어 성경에는 한 권의 책으로 되어 있었다. 히브리어 명칭은 '말킴' (왕들)이다. 70인역에서는 제3왕국기, 제4왕국기라고 되어 있다.

열왕기하는 모두 세 부문으로 나누어져 있다. 1장-8장 15절까지는 엘리사에 대하여 8장 16절-17장까지는 이스라엘과 유다의 왕에 대하여, 18-25장은 유다의 마지막 시기에 대하여 기록하고 있다. 특별히 북이스라엘과 남쪽 유다의 열왕들과 나라와 어떻게 망했는가를 잘 보여 주고 있다. 하나님이 택한 성민의 나라와 열왕들도 망함을 보면서 우리나라와 민족의 앞날도 볼 수 있는 말씀이 된다.

## 2. 내용 구조와 장별 제목

### 1) 구조

탈무드 성경 《바바 바트라》(Baba Bathra)에 의하면 예언자 예레미야가 예레미야서와 열왕기 그리고 애가를 썼다고 되어 있지만 여러 가지 면에서 그 주장은 불확실하다. 본서는 예레미야와 동시대의 어떤 예언자가 이미 있던 문서들을 자료로 삼아 옛 역사의 사건들에 관하여 기록한 것으로, 여호야긴이 포로로 잡혀가서 1차 귀환하는 내용이 있는 것으로 보아 BC 562-536년경으로 추정할 수 있다.

### 2) 장별 제목

1장 아하시야 왕과 엘리사, 2장 엘리사의 승천, 3장 남북 동맹과 모압 원정, 4장 엘리사의 다섯 가지 기적, 5장 나아만의 문둥병, 6장 엘리사의 기적, 7장 양식 풍성의 예언, 8장 살해와 악정의 왕들, 9장 예후의 혁명, 10장 아합의 집에 대한 하나님의 심판, 11장 요아스의 유다 왕 즉위, 12장 요아스 왕의 성전 수리, 13장 여호아하스 · 요아스의 치세, 14장 남 아마스 왕과 북 여로보암의 치세, 15장 남 두 왕 북 다섯 왕, 16장 유다 아하스 왕의 악정, 17장 이스라엘의 멸망, 18장 앗수르의 남 왕국 침략, 19장 히스기야의 기도로 승전, 20장 히스기야의 치유와 실수, 21장 므낫세와 아몬의 악정, 22장 요시야 왕 때 율법책 발견, 23장 요시야의 개혁 운동, 24장 유다의 마지막 왕들, 25장 유다의 멸망과 여호야긴의 석방.

## 3. 메시지

열왕기하는 남북 왕조의 멸망에 대해 기술하고 있다.

"여호와께서 이스라엘에게 심히 노하사 그들을 그의 앞에서 제거하시니 오직 유다 지파 외에는 남은 자가 없으니라"(왕하 17:18).

17장 19-20절을 보면 유다도 그 앞에서 쫓아냈다고 했다

즉 '왜 망국이 오는가' 하는 문제를 다루고 있다. 그래서 엘리야, 엘리사 선지자는 하나님을 사랑하는 사랑이 특심하므로 열정적으로 전도할 수밖에 없었다.

(1) 우상숭배는 영적 간음이므로 하나님이 격노하신다(17:11).

(2) 말씀을 버리고 악을 행하지 마라(17:17).

(3) 사명을 감당하라(15:23).

# 13 다윗의 족보와 정치

## 역대상

(대상 17:1–27) 암송 대상 29:11–14

"여호와여 위대하심과 권능과 영광과 승리와 위엄이 다 주께 속하였사오니 천지에 있는 것이 다 주의 것이로소이다 여호와여 주권도 주께 속하였사오니 주는 높으사 만물의 머리이심이니이다 부와 귀가 주께로 말미암고 또 주는 만물의 주재가 되사 손에 권세와 능력이 있사오니 모든 사람을 크게 하심과 강하게 하심이 주의 손에 있나이다 우리 하나님이여 이제 우리가 주께 감사하오며 주의 영화로운 이름을 찬양하나이다 나와 내 백성이 무엇이기에 이처럼 즐거운 마음으로 드릴 힘이 있었나이까 모든 것이 주께로 말미암았사오니 우리가 주의 손에서 받은 것으로 주께 드렸을 뿐이니이다."

### 1. 서언

히브리어 원전의 명칭은 '그 날에 생긴 일들' 이다. 또 원전에서는 상하 두 권이 아닌 한 권의 책이다. 본서는 성문서집의 맨 마지막에 수록되어 있다. 유대인들의 전통에 의하면 본서의 저자는 에스라라고 한다. 역대하의 마지막 말들(대상 36:22-23)과 에스라의 첫 말(대상 1:1-3)이 같고 문체와 형식이 같다고 대부분의 성경학자들이 주장하며, 대개 BC 450년경으로 추정하고 있다.

역대상은 우리에게 무엇을 말해 주고 있는가?

## 2. 내용 구조와 장별 제목

### 1) 구조

남왕국 유다 특히 다윗 왕국에 대해서는 역대상이, 솔로몬 왕국에 대해서는 역대하가 중점을 두고 기록하고 있다. 여기에는 특별한 이유, 즉 저자의 의도가 있음을 알 수 있다. 저자는 선민 이스라엘의 역사를 종교적으로 해석하며 후세를 위하여 역사에 대한 종교적 교훈을 주려고 본서를 쓴 것이다. 즉 하나님은 이스라엘 민족을 제사장으로 삼기 위하여 선택하셨다. 이스라엘 민족이 이 사명을 자각하고 율법을 지키며 종교적으로나 사회적으로 성실하게 산 때에는 약속하신 대로 큰 축복을 받았으나, 반대로 우상을 섬기며 종교적으로 타락하고 도덕적으로 부패할 때에는 불행과 비참함이 왔다. 저자는 이러한 사실을 이스라엘의 과거 역사를 가지고 증명하고 있다.

### 2) 장별 제목

1장 아담에서 야곱까지의 족보, 2장 유다 가계의 족보, 3장 다윗 가계의 족보, 4장 유다와 시므온 가계의 족보, 5장 르우벤 · 갓의 자손 · 므낫세 반지파, 6장 레위 족속의 가계, 7장 잇사갈 · 베냐민 · 납달리 · 므낫세 · 에브라임 · 아셀의 자손들, 8장 베냐민의 자손들의 족보, 9장 예루살렘에 정착한 사람들과 사울의 족보, 10장 사울왕의 죽음, 11장 다윗의 즉위와 용사들, 12장 다윗의 용사들, 13장 다윗이 법궤를 옮김, 14장 블레셋 정벌, 15장 법궤를 예루살렘으로 옮김, 16장 다윗의 감사와 찬양, 17장 성전 건축의 소망, 18장 다윗의 승전, 19장 암몬과 아람 정복, 20장 랍바를 함락시키고 블레셋 격파, 21장 인구조사로 인한 재앙, 22장 성전 건축 준비, 23장 레위 족속의 사명, 24장 레위 족속 24반열, 25장 찬양대를 세움, 26장 성전 문지기와 곳간 책임자 임명, 27장 군대 조직과 정치 분담, 28장 다윗의 유언, 29장 솔로몬의 등극과 다윗의 임종.

## 3. 메시지

역대상은 크게 두 부문으로 나뉜다. 1-9장은 족보, 10-29장은 다윗의 통치로 나눌 수 있다. 사역의 중심이 하나님의 선민으로서 중심 사명인 예배와 성전에 그 마음이 있었다.

(1) 신앙의 족보를 알고 사명에 살아야 한다(하나님 - 아담 - 아브라함 - 세계 정복, 창 12:1-3).

(2) 하나님의 마음을 알아야 한다(10장 사울을 폐하시고, 11장 다윗을 세우심, 행 13:21-23)

(3) 다윗의 성전 신앙을 본받아야 한다(17장).

(4) 하나님께 헌신하는 것이 복이다(29:11-14).

# 14 솔로몬과 유다의 열왕

## 역대하

(대하 1:1–13) 암송 대하 7:14

"내 이름으로 일컫는 내 백성이 그들의 악한 길에서 떠나 스스로 낮추고 기도하여 내 얼굴을 찾으면 내가 하늘에서 듣고 그들의 죄를 사하고 그들의 땅을 고칠지라."

### 1. 서언

히브리어 원전의 명칭은 '그 날에 생긴 일들' 이다. 또 원전에서는 상하 두 권이 아닌 한 권의 책이다. 본서는 성문서집의 맨 마지막에 수록되어 있다. 유대인들의 전통에 의하면 본서의 저자는 에스라라고 한다. 역대하의 마지막 말들(대상 36:22-23)과 에스라의 첫 말(대상 1:1-3)이 같고 문체와 형식이 같다고 대부분의 성경학자들이 주장하며, 대개 BC 450년경으로 추정하고 있다.

## 2. 내용 구조와 장별 제목

### 1) 구조

남왕국 유다 특히 다윗 왕국에 대해서는 역대상이, 솔로몬 왕국에 대해서는 역대하가 중점을 두고 기록하고 있다. 여기에는 특별한 이유, 즉 저자의 의도가 있음을 알 수 있다. 저자는 선민 이스라엘의 역사를 종교적으로 해석하며 후세를 위하여 역사에 대한 종교적 교훈을 주려고 본서를 쓴 것이다. 즉 하나님은 이스라엘 민족을 제사장으로 삼기 위하여 선택하셨다. 이스라엘 민족이 이 사명을 자각하고 율법을 지키며 종교적으로나 사회적으로 성실하게 산 때에는 약속하신 대로 큰 축복을 받았으나, 반대로 우상을 섬기며 종교적으로 타락하고 도덕적으로 부패할 때에는 불행과 비참함이 왔다. 저자는 이러한 사실을 이스라엘의 과거 역사를 가지고 증명하고 있다.

### 2) 장별 제목

1장 일천번제, 2장 성전 건축 준비, 3장 성전 건축 착수, 4장 성전 기구 제작, 5장 언약궤를 메어 올림, 6장 성전 봉헌 시 솔로몬의 기도, 7장 불과 말씀으로 응답하신 하나님, 8장 솔로몬의 통치, 9장 부귀권세, 10장 열 지파의 반란, 11장 르호보암 첫 3년의 통치, 12장 애굽 왕 시삭의 침입, 13장 아비야가 북이스라엘을 이김, 14장 아사의 선정, 15장 아사의 개혁운동, 16장 아사의 실정과 죽음, 17장 여호사밧의 교육, 국방정책, 18장 길르앗 라못 전쟁 참전, 19장 여호사밧의 재판제도 개혁, 20장 여호사밧이 모압 연합군을 물리침, 21장 여호람의 악정, 22장 꺼질 뻔한 다윗의 등불, 23장 요아스의 즉위로 왕위 회복, 24장 요아스의 선정과 타락, 25장 아마사의 승전과 패배, 26장 웃시야의 교만, 27장 요담의 정도, 28장 아하스의 범죄, 29장 히스기야 개혁 운동, 30장 유월절 절기, 31장 제사 제도 개혁, 32장 히스기야의 승리와 영광, 33장 므낫세와 아몬, 34장 요시야의 종교개혁, 35장 요시야의 유월절, 36장 유다 왕국의 멸망.

## 3. 메시지

역대하는 세 부문으로 나누어지는데 1-9장은 성전 건축과 영화, 10장-36장 16절까지는 성전의 몰락과 유다의 쇠퇴, 36장 17절-36장 23절까지는 성전의 파괴와 나라의 멸망으로 신앙과 나라의 운명이 거의 정비례하는 곡선을 그리고 있음을 보여 주고 있다.

(1) 자신과 나라의 영화를 가져오는 성전 신앙을 가져라(7:14) - 첫사랑의 회복

(2) 제사장 백성으로서의 사명을 버리지 마라 - 4대 부흥. (여호사밧/요아스/히스기야/요시야)

(3) 제자가 되는 것이 최고의 소득과 애국의 길이다(36:17-21).

# 15 성전 재건과 개혁

## 에스라

(스 6:7-12) 암송 스 1:3

"이스라엘의 하나님은 참 신이시라 너희 중에 그의 백성 된 자는 다 유다 예루살렘으로 올라가서 이스라엘의 하나님 여호와의 성전을 건축하라 그는 예루살렘에 계신 하나님이시라."

### 1. 서언

에스라서는 이스라엘 백성의 개혁운동 주도자이며 본서의 저자이기도 한 에스라의 이름에서 유래하였다. 에스라, 느헤미야, 에스더는 포로로 끌려갔던 이스라엘 백성들이 귀환함으로써 성전을 재건하고 이스라엘을 부흥시키는 기록이 담겨 있다.

바벨론은 BC 539년 페르시아에 의해 정복당하였고, 고레스는 유대인의 팔레스타인 귀환을 허용한다. 스룹바벨은 5만 명 정도를 예루살렘으로 이끌고 와서 성전을 재건하였고(제1차 귀환, BC 538-515), 몇 년 뒤에는 제사장 에스라가 거의 2천 명에 이르는 유대인과 함께 돌아왔다(제 2차 귀환, BC 457). 이는 하나님께서 포로 기간 중에 그들을 완전히 버리지 않고 다시 일으키시겠다는 약속이 성취되었음을 의미한다.

"이것은 여호와의 말씀이니라 나는 너희들을 만날 것이며 너희를 포로 된 중에서 다시 돌아오게 하되"(렘 29:14).

## 2. 내용 구조와 장별 제목

### 1) 구조

에스라는 제사장이요 율법 학자였다(스 7:11). 그는 아닥사스다 왕 때 바벨론으로부터 많은 유대인을 이끌고 예루살렘에 돌아왔다. 그는 먼저 성전에서 제사를 드리고 이방 여자와 결혼한 제사장과 백성들에게 이혼할 것을 명령하고 율법 준수를 강조하였다. 그는 또한 조직적으로 종교 교육을 실행할 것을 계획하는 등 성전 건축과 종교심의 고취 혈통의 순화와 후세 교육의 강화 등 민족 재건에 주력하였다. 본서의 기록 연대는 느헤미야가 바사 왕실로부터 귀국한 BC 444년 이후로 추정한다.

### 2) 장별 제목

1장 바사 왕을 통한 포로 귀환, 2장 유다로 돌아온 사람들, 3장 성전 건축 시작, 4장 성전 건축 방해로 중단, 5장 성전 건축 재개, 6장 성전 봉헌식, 7장 에스라의 예루살렘 귀환, 8장 돌아온 백성들, 9장 에스라가 이스라엘의 죄를 회개함, 10장 개혁의 진행.

## 3. 내용

에스라 - 느헤미야는 시간적으로 구약시대의 마지막 사건을 다뤘으며 구속사 전체적으로는 구약과 신약을 잇는 역사의 허리에 해당한다. 또한 선민의 역사의 지속성과 하나님의 약속의 성취를 증거하며 예시하고 있다. 이 두 책에 나타나는 신학적 메시지를 다음과 같이 세 가지로 구분하여 살펴볼 수 있다.

### 1) 하나님의 주도하심

기적의 역사가 하나님의 섭리에 의해 일어났고 하나님은 이 일의 성취를 위해 지속적으로 간섭하셨음을 역설한다. 앗수르와 바빌론의 침공으로 전 국민이 혼혈화 또는 포로로 잡혀갔고 성전도 무너졌으며 정체성이 소멸되었지만, 하나님께서 고레스의 마음을 깨우셔서 백성을 살려내시고 고국으로 돌아오게 하셨다.

사명 완수도 전적으로 하나님의 은혜와 도우심에 의한 '하나님의 선한 손' 에 의한 것이었음을 증언한다. 하나님의 허락하심과 통제하심 그리고 그분의 목적하심이 없이는 아무것도 일어나지 않는다. 우리가 해야 할 일 한 가지는 그분의 선하신 뜻이 성취되는 지점에 이르렀을 때 그 성취가 '경건의 승리' 가 아니요 '은총의 승리' 임을 깨닫는 것이다.

### 2) 하나님의 지속적 사랑

'헤세드' 는 하나님과 이스라엘 관계의 핵심인 언약의 내용을 이르는 말이며 백성을 향한 성실한 사랑을 지칭한다. 그분의 자비와 성실하심을 합쳐 놓은 의미이다. 이렇듯 하나님은 죄로 인해 나라와 예배, 정체성을 잃어버릴 위험 속에 살던 민족을 한결같이 돌보셨고 살려내어 새 백성으로 회복시키신다. 하나님의 사랑의 성실성은 관계적으로는 언약의 파트너들에게 헌신적이시라는 것이고 시간적 의미로는 그의 사랑이 오래 지속된다는 것이다.

### 3) 공동체의 순수성과 신앙 유산의 전수

귀환한 공동체는 자신의 정체를 유지하기 위해 생존을 위한 타협이나 처세의 전략이 아닌 주어진 신앙 유산을 보존하기 위한 최소한의 자질과 순수성이 필요했다. 두 책에 기록한 길고 지루한 인명들은 첫째, 신앙을 고백하고, 둘째, 사명을 부여했으며, 셋째, 변증적 의도가 있었다. 그들이 소중하게 보존한 신앙 유산은 성전에 대한 헌신, 율법에의 순종, 절기의 철저한 준수 등이며 우상숭배가 사라졌다. 감당의 한계를 넘어선 연단이 가져다 준 소중한 영적 결실이다.

에스라 - 느헤미야서는 개혁의 완전한 모습이 어떤 것인가를 가르쳐 주는 책이다. 하나님과의 수직적 관계의 복원에만 치중하기 쉬운 현대 교회들에게도 참된 개혁은 이웃을 배려하며 사랑의 봉사를 하는 수평적 관계의 회복이 따를 때에 완성되는 것임을 잘 보여준다. 이들의 연단 과정은 혹독한 것이었지만 그것은 하나님이 남은 자들에게 소중한 신앙 유산을 보존하기 위한 자질인 순결을 배우게 하셨던 값진 과정이었다.

## 4. 메시지

에스라서는 크게 두 부문으로 나눌 수 있는데 1-6장은 스룹바벨 영도 하의 복구, 7-10장은 에스라 영도 하의 개혁이라 볼 수 있다. 특히 70년간 포로생활 이후에 하나님께서 언약의 백성으로서 이스라엘 자손의 부흥과 보존에 대하여 기록한 것이다.

(1) 언약을 잡고 회개하고 기도하면 때가 온다(1:1-4).

(2) 사탄의 방해를 두려워하지 마라(6:7-12).

(3) 말씀대로 사는 회개와 신앙운동을 일으켜라(7:10).

예루살렘으로(7:11-26), 찬송(7:27-28), 주의 종들 찾음(8:15-20), 금식과 간구(8:21-30), 예물 드림(8:24-), 회개기도(9장), 이방 아내와 소생 쫓음(10장).

그들이 소중하게 보존한 신앙유산은 성전에 대한 헌신, 율법에의 순종, 절기의 철저한 준수 등이며 우상숭배가 사라졌다는 것이다. 참된 개혁은 이웃과의 수평적 관계의 회복이 따를 때에 완성되는 것임을 잘 보여 준다.

# 16 성전 재건과 회복

## 느헤미야

(느 1:1–11) 암송 느 1:4

"내가 이 말을 듣고 앉아서 울고 수일 동안 슬퍼하며 하늘의 하나님 앞에 금식하며 기도하여."

### 1. 서언

본서는 저자의 이름을 따른 것으로 보며 '느헤미야'는 그 이름의 뜻이 "여호와께서 위로해 주셨다"이다. 느헤미야는 바벨론 아닥사스다 왕의 술관원으로서 능력 이하의 일을 하고 있었다. 하지만 그는 능력과 용기의 사람이었다. 예루살렘이 폐허가 되었다는 소식을 들은 그는 낙담되었지만 용기를 내어 왕의 승낙을 받고 유다의 총독이 되어 예루살렘을 향했다. 그는 즉시 폐허가 된 성벽을 몰래 답사하고 그 파괴된 성벽을 재건할 노동력을 동원하기 위하여 공동체를 조직하였다(1-2장). 그는 산발랏, 도비야, 게셈 등 반대자들에 대해 용기 있고 정정당당하게 맞서 나가면서 마침내 단기간(52일)

에 성벽을 재건했다. 그리고 에스라와 함께 수많은 개혁들을 단행하였고, 특히 율법을 가르치는 데에 최선의 도움을 주었다.

## 2. 내용 구조와 장별 제목

### 1) 구조

이 책은 느헤미야가 유대 총독으로 활동하던 시대인 BC 445-425년경의 역사적 사실들을 말하고 있지만 기록 연대를 확정하기는 어렵다. 느헤미야서의 핵심은 예루살렘 성과 그 안에 있던 하나님의 전(殿)의 보호와 안전이다. 하나님의 전의 재건은 하나님께서 허락한 교회를 회복하심을 예표하며, 예루살렘 성벽의 재건은 하나님께서 그분의 왕국을 회복하심을 예표한다(마 16:18-19). 땅 위의 하나님의 집은 그 집을 보호하고 그분의 영원한 경륜을 수행할 그분의 왕국을 필요로 한다.

### 2) 장별 제목

1장 느헤미야의 기도, 2장 아닥사스다 왕의 허락으로 귀국, 3장 예루살렘 성벽을 자손들이 순서대로 중수하다, 4장 예루살렘 성벽 건축의 방해를 물리치다, 5장 백성들이 가난하여 원망하다, 6장 성벽 공사를 끝내다, 7장 1차 귀국자의 계보, 8장 백성들에게 율법책을 낭독하다, 9장 백성들이 죄와 허물을 자복하다, 10장 언약에 인봉한 사람들과 그 내용, 11장 예루살렘과 주변에 거주하는 백성들, 12장 성벽 봉헌, 13장 느헤미야의 개혁의 내용.

## 3. 내용

에스라 - 느헤미야의 구조와 의미를 여는 중요한 '문의 열쇠'는 귀환자 명단이다. 에스라 2장과 느헤미야 7장의 귀환자 명단의 반복은 그 사이에 놓여 있는 장들을 통일시키며, 에스라 2장부터 느헤미야 7장까지를 하나의 중앙 단락으로 형성시키는 인클루지오(inclusio) 기능을 감당한다.

에스라와 느헤미야의 전체 구조는 크게 3부문으로 나누어 설명할 수 있다. 첫째 부문은 하나님의 말씀의 성취로 고레스가 유다 포로민들에게 원하는 자는 누구나 예루살렘으로 올라가서 여호와의 집을 지을 것을 허락하는 조서를 내리자(스 1장), 두 번째 부문으로 포로 귀환민들이 이에 따라 하나님의 집을 지은 것이다(스 2장-느 7장). 마지막 세 번째 부문으로 공동체가 율법에 따라 하나님 집의 완공을 축하하는 것으로 끝난다(느 8-13장).

특별히 중앙 단락에 위치한 두 번째 부문은 포로에서 돌아온 귀환민들이 권위 있는 문서(왕들의 조서와 율법)에 따라 하나님의 집이 어떻게 건설되었는지를 묘사하고 있다. 그리고 하나님의 집 건축이 세 명의 페르시아 왕 고레스, 다리오, 아닥사스다의 통치에 걸쳐서 일어났으며, 예루살렘 성전과 거룩한 자손과 예루살렘 성벽이 재건된 후에야 비로소 하나님의 집이 궁극적으로 완공된 것임을 보여 준다.

여기서 볼 수 있는 에스라 - 느헤미야의 신학적 메시지는 첫째, 성전 재건은 역사의 주인이신 하나님의 사역이라는 것이다. 즉 포로 이후 하나님의 집의 재건은 궁극적으로 여호와의 사역이었고,

하나님께서는 세상의 권력들을 이용해서 그의 백성을 심판하신 것처럼 그의 백성을 재건하실 때에도 세상의 권력들을 이용하신다는 점을 강조한다.

둘째, 에스라 - 느헤미야는 일반 백성을 하나님의 나라의 핵심 성분으로 강조한다. 귀환자들의 명단을 반복함으로써 에스라 - 느헤미야는 지도자들이 아니라 많은 백성의 행동 참여를 통해 역사가 흘러간다는 점을 강조한다.

셋째, 하나님의 집이 성전에서 거룩한 자손들과 예루살렘 성으로 확대된다.

## 4. 메시지

(1) 나라와 민족을 위한 기도의 사람이 되라(1장) - 기도만큼 되는 역사가 일어난다.

(2) 사탄의 궤계를 염려하지 말고 이겨라(6:15-16) - 믿음만큼 하나님이 도우신다.

(3) 영적인 부흥을 일으켜라(8:8-9) - 영혼이 잘됨같이 범사가 잘된다(요삼 1:2).

# 17 보호하시는 하나님

## 에스더

(에 4:13-17) 암송 에 4:16

"당신은 가서 수산에 있는 유다인을 다 모으고 나를 위하여 금식하되 밤낮 삼 일을 먹지도 말고 마시지도 마소서 나도 나의 시녀와 더불어 이렇게 금식한 후에 규례를 어기고 왕에게 나아가리니 죽으면 죽으리이다 하니라."

### 1. 서언

본서의 명칭은 본서의 주인공의 이름을 딴 것이다. '에스더' 의 이름은 페르시아 말이며 '별' 이라는 뜻이다. 역사가 요세푸스는 본서의 저자를 모르드개라고 했지만 그 견해는 불확실한 주장이다. 우리는 누가 기록을 했는지는 정확히 알 수 없다. 그러나 내용을 통해 저자는 페르시아의 사정을 잘 알고 그들의 관습을 익숙하게 아는 사람이었다는 것을 확실히 알 수 있다. 본서의 아하수에로 왕은 일반적으로는 크세르크세스(Xerxes) 왕으로 간주되는데 이 왕은 주전 485년부터 465년까지 페르시아 왕이었으며 세계사에 유명한 페르시아 전쟁의 왕이다.

## 2. 내용 구조와 장별 제목

### 1) 구조

에스더서의 구조는 역전의 패턴이 지배하고 있다. 우리는 이런 일련의 삶의 현상을 '페리페테이아', 즉 '운명의 역전'이라고 부른다. 페리페테이아의 원리를 통해 우리는 인간의 삶은 인간 스스로 통제할 수 있는 것이 아니며, 인간 통제 밖의 힘에 영향을 받을 수밖에 없음을 알게 된다. 페리페테이아 원리는 사건의 표면 아래에 숨어서 움직이는 하나님의 행동을 잘 드러낸다. 본서는 5세기 후반기(BC 464-436)에 아하수에로 왕의 사후에 기록된 것으로 볼 수 있다.

### 2) 장별 제목

1장 와스디 왕후의 폐위, 2장 에스더 왕후 간택, 3장 유대인 인종 청소의 하만의 계획, 4장 에스더의 일사각오 기도, 5장 에스더가 왕과 하만을 잔치에 초청함, 6장 명예를 얻은 모르드개, 7장 하만의 몰락과 처형, 8장 유대인의 기쁨, 9장 유대인의 보복과 부림절, 10장 모르드개의 영광.

## 3. 내용

에스더서의 신학적 메시지는 첫째, 우리에게 포로민들의 라이프 스타일을 알 수 있게 해준다. 우리는 에스더를 통해서 여호와와 전통적인 여호와 종교에 충성을 보이면서 이방 세계에서 풍요롭고 성공적인 삶을 살 수 있는 방법이 무엇인지를 알 수 있다. 둘째, 에스더서는 하나님에 대한 명시적 언급은 없지만 인간의 삶 가운데 보이지 않게 역사하시는 하나님의 사역 방식을 보여 준다.

## 4. 메시지

에스더서는 하나님을 의지하고 따르는 자를 해치고 하나님의 교회를 말살하려는 자에 대한 하나님의 단호한 심판을 보여 준다. 하나님의 주권에 대한 인간의 대항은 하나님의 심판을 받게 된다는 것을 보여 주며, 하나님을 의지하고 기도하는 자는 언제나 페리페테이아의 기적을 체험할 수 있다는 것을 보여 주고 있다.

본서는 두 부문으로 나눌 수 있는데 하나님의 백성인 유대인의 위협 당함(1-3장)과 유대인의 모면(4-10장)이다. 하나님의 백성, 즉 기도하는 백성은 하나님이 보호하시고 지키시며 대적자를 하나님이 처리하심을 볼 수 있다.

(1) 죽음도 결혼도 하나님의 섭리이다(1-2장).

(2) 고난과 위기는 축복의 기회이며 기도하라는 신호이다(3-4장).

(3) 하나님이 우리의 원수를 갚으신다.

(4) 기도하면 지혜를 주시고 인생의 시나리오는 바뀐다.

(5) 구원을 주신 하나님의 은혜를 잊지 말아야 한다(9:17-19).

# 18 하나님의 주권

## 욥기

(욥 2:6–10) 암송 욥 23:10

"그러나 내가 가는 길을 그가 아시나니 그가 나를 단련하신 후에는 내가 순금같이 되어 나오리라."

### 1. 서언

욥기에는 왜 의인이 세상에서 고난을 받고, 버림을 당하며, 과연 하나님은 이 세상의 도덕과 질서를 유지함에 주권적 행사를 발동하고 계시는가 하는 문제들을 다루고 있다. 그 중에서도 '왜 하나님을 믿는 의인들이 고난을 당하는가?' 하는 문제가 주제가 되고 있다. 우리는 이 시간 의인이 당하는 고난의 의의를 생각해 보고자 한다.

## 2. 내용 구조와 장별 제목

### 1) 구조

본서의 저자도 잘 알 수 없듯이 기록 연대도 정확하지 않다. 그러나 족장 초기라고 말하는 사람도 많다. 또 BC 1세기로 보는 극단적인 견해도 있으나, 대부분의 보수주의 학자들은 위대한 지혜문학 시대였던 솔로몬 시대로 본다.

욥은 갑작스럽게 온갖 종류의 고난과 호된 시련에 휘말리게 된 의로운 사람이었다. 그는 그의 불행이 죄로 말미암았음이 틀림없다고 주장하는 그의 친구들과 세 번의 논쟁을 치르며 고통이 가중된다. 침묵하시던 하나님이 마침내 위엄과 능력 가운데에서 욥에게 나타나셨을 때, 실제적인 논쟁점은 욥의 고난이 아니라 하나님의 주권이었음이 명백해진다.

### 2) 장별 제목

1장 욥의 시험, 2장 더 큰 시험, 3장 욥의 탄식, 4장 엘리바스의 첫 번째 충고, 5장 엘리바스의 충고, 6장 욥의 대답, 7장 욥의 대답과 기도, 8장 빌닷의 책망, 9장 욥의 대답, 10장 욥의 기도, 11장 소발의 첫 번째 충고, 12장 욥의 대답, 13장 욥의 대답과 간절한 기도, 14장 욥의 기도, 15장 엘리바스의 두 번째 충고, 16장 욥의 대답, 17장 욥의 대답, 18장 빌닷의 말, 19장 욥의 대답, 20장 소발의 말, 21장 욥의 대답, 22장 친구 엘리바스의 세 번째 충고, 23장 욥의 대답, 24장 욥이 하나님께 항의함, 25장 빌닷의 세 번째 충고, 26장 친구들에 대한 욥의 말, 27장 친구들에 대한 욥의 말, 28장 욥의 대답 -

하나님께만 지혜와 명철이 있다, 29장 욥의 마지막 말 - 나는 과거에 의롭고 사랑받으며 살았다, 30장 하나님을 향한 욥의 한탄, 31장 욥의 마지막 결백 주장, 32장 엘리후의 첫 번째 변론, 33장 엘리후의 반박, 34장 엘리후의 두 번째 변론, 35장 엘리후의 세 번째 변론, 36장 엘리후의 네 번째 변론, 37장 엘리후의 마지막 변론, 38장 하나님의 첫 번째 말씀, 39장 전지전능하신 하나님의 말씀, 40장 하나님의 말씀과 욥의 침묵, 41장 하나님의 능력, 42장 욥의 회개와 하나님의 은혜.

### 3. 내용

욥은 하나님이 무한하시고 측량할 수 없다는 것을 알지 못했으며 하나님이 그에게 어느 정도이신지 깨닫지 못했다. 욥과 그의 세 친구들과 엘리후의 모든 말이 끝난 후에, 우리는 하나님께서 신성한 계시와 함께 욥에게 나타나신 것을 보게 된다(38:4-41:34). 이어서 욥이 그의 개인적인 체험에서 하나님을 아는 것과 자신을 미워하는 것에 관한 말씀이 나온다(42:1-6). 다른 많은 것들에 주의를 기울임으로 인해 하나님께서 욥에게 나타나신 핵심을 놓치지 않기를 바란다. 이 핵심은 하나님이 욥에게 나타나심으로써 그에게 하려고 하셨던 것과 관계된다.

하나님은 그분이 무한하시고, 측량할 수 없으며, 더듬어 찾을 수 없는 분임을 인식하도록 돕기 위해 욥에게 나타나셨다. 하나님은 욥에게 자신이 무한한 존재라는 인상을 주시기 위해 우주에 대해서, 동물들에 대해서 많은 질문들을 하셨다.

하나님은 그에게, “욥아, 너는 사실 내가 누구인지를 알지 못한다. 너는 내가 무한하다는 것을 깨닫지 못한다. 또 너는 내가 너에게 주려 하는 것을 상상도 할 수 없다. 욥아, 나는 내 자신을 너에게 주어 네가 나의 일부가 될 수 있도록 내 자신이 너의 누림이 되게 하고자 한다. 나는 네가 순전함과 완전함과 정직함을 갖고 있는 것으로 만족하지 않는다. 나는 네가 나를 소유하기 원한다. 나의 뜻은 너에게 다름 아닌 바로 나 자신을 주는 것이다”라고 말씀하고 계셨던 것 같다.

## 4. 메시지

욥기에는 ① 시험받는 욥(1-2장), ② 좌절한 욥(3:장), ③ 충고받는 욥(4장-42:6), ④ 인정받는 욥(42:7-17)의 모습이 나타나며 고난을 통한 유익과 하나님의 주권을 말하고 있다.

(1) 고난이 올때도 입으로 범죄하지 말고 이겨라(2:9-10).

(2) 두려움을 쫓고 믿음으로 미래를 정복하라(3:25).

(3) 사람들을 의지하지 말고 주님만 바라보라(38:2).

(4) 시험을 이겨서 갑절의 은혜를 받아라(23:10, 43:12-16).

# 19 감사와 찬양

## 시편

(시 23편) 암송 시 150:6

"호흡이 있는 자마다 여호와를 찬양할지어다 할렐루야."

### 1. 서언

히브리 성경에서는 '세페르 데힐림'(찬양들이란 뜻)이라 부른다. 70인역에서는 '살모이'라고 부르는데 그 뜻은 문자적으로 '현악기에 맞추어 부른 노래들'을 말한다. 시편의 주제는 하나님을 향한 찬양과 경배이다. 34개의 장(이 시들을 '고아'라고 부른다)을 제외하고는 모든 시편의 첫 머리에 5가지의 제목이 있다.

(1) 시의 성격을 설명하는 제목들.

(2) 그 시를 반주할 음악적 지시를 표시하는 제목들.

(3) 그 시가 사용될 예배 의식을 표시하는 제목들.

(4) 작자 또는 원천이 되는 시집을 표시하는 제목들.

(5) 그 시가 지어진 역사적 배경을 설명하는 제목들.

시편 150편의 시를 다섯 권으로 구분할 수 있다.

제1권: 1-41장(창. 사람) 제2권: 42-72장(출. 이스라엘) 제3권: 73-89장(레. 지성소) 제4권: 90-106장(민. 광야) 제5권: 107-150장(율법과 땅)

다섯 권의 율법책과 또 유대인의 큰 다섯 명절 수에 맞추어 나눈 것이다. 각 권의 마지막에는 송영(doxology)이 있고, 제150편은 시편 전체의 마지막 송영이라고 할 수 있다.

## 2. 내용 구조와 장별 제목

### 1) 구조

19세기 학자들은 시편 모음집의 기원이 포로기 이후였음을 강조하고 있다. 그러나 요즈음은 비록 다윗 자신의 것으로 확인된 시편은 거의 없다고 하더라도 많은 수의 시편이 포로기 이전 것이며, 포로기 이후의 시들 중 상당한 부분이 마카베오 시대 이전에 작시된 것으로 판단되고 있다. 기도문들의 언어 관습은, 어휘와 장르 면에서 볼 때, 이스라엘의 제의 구조(즉, 예루살렘 성전을 중심으로 한 공식 예배) 내에서 형성되었고, 그 시들의 주제는 민족 전체로서의 이스라엘 공동체와 개인으로서의 이스라엘인들의 고통과 구원의 내용이 압도적이다.

(1) 서론(1-2편)

(2) 사울과 다윗의 투쟁(3-4편)

(3) 다윗의 왕권(42-72편)

(4) 앗수르에 의한 위기(73-89편)

(5) 성전 파괴와 추방에 대한 자기 반성(90-106편)

(6) 귀환과 새로운 시대에 관한 찬양과 반영(107-145편)

(7) 결론적인 찬양(146-150편)

## 3. 내용

시편에는 다양한 세계관이 제시되어 있다. 그러나 그 초점은 공동체에 대한 세계관이다. 시편은 하나님 백성의 예배와 다른 사람들과 함께 그를 섬기는 것이며 훈련인데, 예배와 하나님을 향한 헌신의 산 관계이다. 하나님은 인간이 하나님을 찬양하고 그에게 감사하는 자가 되기를 바라신다. 인간의 최소한의 기쁨과 성취는 피조물에게서보다 창조주 안에서 찾아야 한다.

시편 8편은 인간의 영광은 하나님 안에 있음을 보여 준다. 한편 많은 시편은 인간이 타락한 부끄러운 죄인임을 보여 준다. 시편 32편 1-2절은 바울이 로마서 4장 7-8절에서 인용하여 믿음에 의한 칭의를 논증하였다. 따라서 구약과 신약 모두 믿음에 의한 칭의는 같았다. 다른 구절로는 시편 51편으로 구원은 하나님께로부터 시작되며 그의 자비를 신뢰하는 자들에게 주시는 그의 선물임을 단언하고 있다.

## 4. 메시지

(1) 이스라엘의 하나님 여호와를 영원부터 영원까지 찬양하라(찬

미 경배; 시 43:13).

(2) 홀로 기이한 일을 행하심과, 온땅 가득한 영광을 찬양하라(경이에 찬 경배; 시 2:18-19).

(3) 여호와를 영원히 찬양하라(끊임없는 경배; 시 89:52).

(4) 영원부터 영원까지 찬양하라. 백성들은 아멘하라(복종하는 경배; 시 106:48).

(5) 호흡이 있는 자마다 여호와를 찬양하라(끊임없는 경배; 시 150:6).

대표적인 시: 시 23편 여호와 나의 목자 / 부족함 없게 하시는 목자 / 인도하시는 목자 / 보호하시는 목자 / 축복 주시는 목자 / 영원히 같이 하시는 목자

# 20 지혜와 금언

## 잠언

(잠 8:17–19) 암송 잠 1:7

"여호와를 경외하는 것이 지식의 근본이거늘 미련한 자는 지혜와 훈계를 멸시하느니라."

### 1. 서언

히브리 성경은 책명을 '미쉬레 쉐로모'라 부른다. 이 명칭은 "솔로몬의 잠언들"이란 의미이다. 희랍어 70인역은 '파로이미아 이살로몬토스'라 부른다. 이 명칭 역시 "솔로몬의 잠언들"이란 의미이다.

본서에 나오는 지혜라는 단어는 대부분 그리스도에 대한 의인화로 쓰여졌다는 것이 8장에서 밝혀지고 있다(22-31절). 그러므로 지혜라는 단어에는 대부분 그리스도나 주님이란 단어로 이해하고 읽어야 한다. 잠언은 총 31장으로 매일 1장씩 묵상함으로써 인생을 성공적으로 살 수 있도록 날마다 받는 말씀으로 애용되고 있다.

## 2. 내용 구조와 장별 제목

### 1) 구조

본서는 솔로몬의 잠언이기 때문에 BC 971-931년에 기록된 것으로 보인다. 본서의 저자는 통일왕국 시대에 이스라엘을 다스린 다윗의 아들 솔로몬이다(1:1, 10:1). 대부분이 솔로몬 왕이 지은 것은 분명하나 본서 전부가 그의 저작이라고 보는 것은 무리인 것 같다. 본서 자체도 본서가 여러 사람의 잠언을 모은 것임을 강조하고 있다. 1장 1절에는 솔로몬의 잠언이라고 하여 본서가 대체적으로 솔로몬의 저작임을 말하고 있지만, 25장 1절을 보면 히스기야 왕의 신하들이 편집했다는 말이 있고, 30장 1절을 보면 야게의 아들 아굴의 잠언이라고 분명히 말하고 있다. 또 31장 1절을 보면 그 잠언은 르무엘 왕의 어머니의 잠언이라고 말하고 있다. 솔로몬 왕은 잠언 3,000수를 지었다(왕상 4: 32 참조).

### 2) 장별 제목

1장 잠언의 뜻, 2장 지혜와 명철이 주는 유익, 3장 지혜와 명철이 주는 유익, 4장 명철과 지혜, 훈계를 얻어라, 5장 간음하지 마라, 6장 훈계와 명령, 7장 음녀에게 빠지지 않게 하라, 8장 지혜와 명철, 훈계와 지식, 9장 지혜의 근본, 10장 의인을 축복하신다, 11장 행위가 완전한 자, 12장 공의로운 길에 사망이 없다, 13장 지혜로운 아들, 14장 지혜로운 여인, 15장 악인과 선인을 감찰하신다, 16장 하나님께 맡겨라, 17장 마음을 연단하신다, 18장 죽고 사는 것이 혀의 힘에 달렸다, 19장 행실을 삼가하지 않으면 죽는다, 20장 악을 갚지 마라, 21장 마음을 감찰하신다, 22장 악은 재앙을 거둔다, 23장 술은 보지도 마라, 24장 악인의 형통을 부러워하지 마라, 25장 자기 마음을 제어하라, 26장 미련한 자가 되지 마라, 27장 내일을 자랑하지 마라, 28장 자기의 마음을 믿지 마라, 29장 율법을 지키는 자는 복이 있다, 30장 가난하게도 부하게도 하지 마옵소서, 31장 지혜로운 여인이 되라.

## 3. 내용

(1) 인생의 진정한 복과 구원에 이르게 하는 참된 지혜는 하나님으로부터 온다.

(2) 여호와를 경외하는 것이 지혜의 근본이다(1:7, 9:10).

(3) 지혜에 대한 바른 자세의 여부가 인생의 복과 화, 생명과 멸망을 결정한다(8:32-36).

(4) 지혜를 얻는 것이 성공과 축복의 길이다(8:1-21).

(5) 지혜가 그리스도다(8:22-31).

(6) 날마다 주를 기다리는 날마다의 신앙을 가져라(8:32-36).

## 4. 메시지

잠언의 중요한 포인트는 다음과 같다.

첫째, 인생을 진정한 복으로 인도하며 마침내는 구원에 이르게 하는 참된 지혜는 다양한 인생의 경험이나 우주나 만물에 대한 진지한 탐구의 결과로 주어지는 것이 아니다. 즉 지혜는 절대 초월자

요 창조주로서 우주와 역사, 그리고 우리 인생 등 모든 존재의 궁극적 근원이자 원동력이며 또한 주권자이신 여호와 하나님으로부터 주어지는 것이다. 특별히 하나님은 인생들이 당신으로 말미암는 지혜를 얻어 복을 누리고 마침내 구원에 이르도록 하기 위하여 특별계시라는 방편을 이용하셨다. 그리고 이러한 특별계시의 집대성이 바로 성경(the Bible)이다. 그러므로 인생의 구원에 이르는 참된 지혜를 얻기를 원한다면 무엇보다도 성경을 읽고 묵상해야 한다(딤후 3:16-18).

둘째, 여호와를 경외하는 것이 지혜의 근본이라는 사실이다(1:7, 9:10). 여호와를 경외하는 것이 지혜의 근본이라는 것은 잠언을 비롯하여 성경에서 말하고 있다. 이는 지혜가 단순한 인간적 처세술이나 모든 경우에 대처하는 요령이 아니라 반드시 절대자 여호와께 귀결되는 신본주의적 생활 원리임을 보여 준다. 즉 성경에서 말하는 지혜란 여호와 하나님을 창조주와 역사의 주권자와 섭리자로 인정하고 그 뜻을 성실하게 따르는 자세를 말한다. 그러한 이유로 본서에서는 인간적 처세술이나 상황에 따른 대처 요령을 가르치지 않는다. 그리고 본서에는 실생활과 관련한 유익한 지혜들이 제시되고 있지만 그 근저에는 여호와를 진정으로 섬기는 신본주의적 인생관이 자리잡고 있다.

셋째, 지혜에 대한 바른 자세 여부가 인생의 복과 화, 생명과 멸망을 결정한다는 사실이다(8:32-36). 지혜는 하나님께서 인간으로 하여금 진정한 복을 누리며 마침내는 구원에 이르게 하여 영생 복락을 향유하도록 하기 위하여 주신 것이다. 그러므로 지혜를 추구하며 지혜에 순복하는 자는 복을 누리며 구원에 이르게 된다. 그에

반하여 지혜를 미워하고 배척하며 그에 순복하지 아니하는 자는 재앙을 당하고 마침내는 멸망에 이를 수밖에 없다. 따라서 우리는 지혜의 초청에 겸손히 응하여 지혜를 추구할 뿐만 아니라 지혜의 가르침에 절대 순복하는 삶을 살아야 한다.

# 21 인생과 철학

## 전도서

(전 5:15-20) 암송 전 12:13

"일의 결국을 다 들었으니 하나님을 경외하고 그의 명령들을 지킬지어다 이것이 모든 사람의 본분이니라."

### 1. 서언

히브리 성경은 전도서를 '코헤레트' (קֹהֶלֶת)라 부른다. 이 히브리 이름은 1장 1절에 저자가 '코헤레트' 로서 "예루살렘 왕 다윗의 아들 전도자의 말씀" 이란 뜻이다. 코헤레트는 '설교자', 혹은 '전도자' 를 의미한다. 이 단어는 "회중을 소집하다" 란 뜻을 가진 단어에서 파생되었다. 그런데 회중을 소집하는 자는, '사람이란 어떤 존재인가' 를 밝히려는 목적을 가졌기 때문에 '코헬레트' 란 말은 '설교자' (전도자)로 번역될 수도 있는 것이다.

## 2. 내용 구조와 장별 제목

### 1) 구조

저자는 솔로몬이라고 할 수 있으나 속단하지 말 것은 다윗의 아들 솔로몬이라고 주장하지 않았다는 것과 그 어법이 솔로몬 시대보다 늦은 점도 생각해야 한다. 에드워드 J. 영은 본서의 저자를 포로 후 살았던 사람이 그의 메시지를 전달하는데 문체적 모범을 위해 솔로몬의 입을 빌린 듯하다고 말했다(구약총론 p. 375.) 전도서는 생의 비극과 비참과 허무성 속에서 그것들을 초월하는 저쪽에 인간의 관심을 끌어가려는 교훈이라고 할 수 있다.

저자가 헛되다고 단정해 버리는 것은 하나님께 대한 신뢰나 하나님의 계획이 아니라, 인간 자신에 대한 신뢰를 두고 하는 말이다. 5장 2절이나 12장 13-14절 같은 곳을 보면 저자는 인간의 허무를 절감한 자이지 하나님의 섭리나 힘 또는 그에 대한 신앙을 허무로 보는 사람은 아니었다.

### 2) 장별 제목

1장 세상의 모든 것이 헛되다, 2장 즐거움도 헛되고 수고와 지혜도 헛되다, 3장 범사에 기한과 때가 있다, 4장 산 자보다 죽은 지 오랜 자가 더 복되다, 5장 하나님께 함부로 말하지 마라, 재산과 부요는 하나님의 선물이다, 6장 무엇이 행복인지 사람이 어찌 알겠느냐, 7장 지혜는 지혜자를 살린다, 8장 하나님의 일을 사람이 능히 알 수 없다, 9장 모두 다 하나님의 손 안에 있다, 모든 사람의 임하는 것은 일반이다, 10장 우매가 지혜와 존귀를 난처하게 한다, 11장 하나님의 일은 알지 못한다, 12장 하나님을 경외하고 명령을 지키는 것이 사람의 본분이다.

### 3. 메시지

(1) 세상사는 모든 것이 다 헛된 것이다(1:12-18 지혜, 2:1-11 쾌락, 2:12-23 지혜와 부, 2:24-3:15 인간의 노력, 3:16-4:6 사악과 압박 만연, 4:7-12 단합하여 성공, 4:13-16 지혜와 궁핍이 우매와 부보다 좋다, 5:1-7 일반적 조언, 5:8-12 부와 허영).

(2) 지혜로운 삶의 방법은 낙을 누리고 즐겁게 사는 것이다(5:18-20).

(3) 인간의 본분은 하나님을 경외하고 그의 명령을 지키는 데 있다(12:13).

인간이 하나님이 주시는 삶을 단순하게 받아들이고 순종하면 거기에 가치있는 삶이 있다는 것이다.

세상만사 살피니 참 헛되구나.
부귀공명 장수는 무엇하리요.
고대광실 높은 집 문전옥답도
우리 한번 죽으면 일장의 춘몽.

## 4. 결언

코헬렛(전도서 히브리어 명칭)이 독자에게 전달하려는 의도가 가장 강하게 나타나는 본문인 5장 1-7절은 두 가지 주제를 다룬다. 곧 제사(1절)와 맹세(2-6절)이다. 이 본문에서 코헬렛은 궁극적으로 전도서의 케리그마라 할 수 있는 '하나님 경외'를 선언하고 있다. 코헬렛이 고민하고 제안하는 한 시대의 신앙과 지혜가 여기에 담겨 있다.

5장은 진술 형식이 4장까지와는 달리 명령형으로 시작한다. 이 명령들은 하나님 경외 신학의 절정을 보여 준다. 여기에서 지혜문학으로서 교육적 목적을 가진 전도서의 특징이 드러난다. 1절은 하나님의 뜻과는 무관하게 모양만 갖춘 제사를 드리는 것을 비판한다. 독자는 사울이 순종하는 일에 실패해서 하나님으로부터 버림받은 사건을 잘 알고 있다. 1-7절의 전체 문맥과 연결해 볼 때 성전에서 습관적인 제사를 드리는 것이 참 예배가 아니라, 먼저 하나님의 말씀을 듣고 순종하는 행동이 있어야만 어리석음에서 벗어날 수 있음을 말한다. 어리석은 자는 지극히 표면적인 즐거움에만 관심이 있는 사람을 지칭하기도 한다. 그는 무조건 제사만 드리면 하나님 앞에 종교적 의무를 다한다고 생각할 것이지만 제사의 주도권은 인간에게 있는 것이 아니라 인간을 받아들이기로 결정하신 하나님께 있다는 것을 간과하지 말아야 한다.

2절에서는 함부로 입을 열지 말며 하나님 앞에서 성급하지 말 것을 명한다. 제사를 드리는 행위에 앞서서 하늘에 계신 하나님과 땅에 있는 인간 사이에 무한한 격차를 깨달을 것을 요청한다. 땅에 있는 인간의 의무는 하나님을 경외하는 것이며 이 맥락 안에서 그것은 하나님의 말씀을 듣는 것과 말을 적게 할 것으로 명령된다.

4절 이하에서는 '하나님 경외'가 말을 충동적으로 하지 않고 함부로 서원하지 않는 것으로 나타난다. 하나님은 인간과 본질적으로 차원이 다른 분이시지만, 동시에 인간의 말과 행동에 영향을 받으시는 자기축소적인 분이기도 하다는 것이 서원을 지킬 것을 강조하는 가르침 속에서 나타나고 있다.

맹세(서원)와 하나님 경외의 문제를 다루면서 코헬렛은 맹세를 두 가지 형태로 구분한다. 즉 하나님께 서원(4절)한 것과 제사장 앞에서 공적으로 이루어지는 서원(6절)이다. 어리석은 사람은 서원하고도 그것을 지키지 않으며 하나님 앞에서 맹세로 다짐하고도 이행하지 않는다. 그러므로 5절에서 코헬렛은 맹세하고 지키지 않는 것보다 차라리 맹세를 하지 않는 것이 낫다고 비교 잠언으로 표현한다. 서원한 것이 하나님 앞에 엄격한 것은 하나님은 맹세를 지키지 않는 자를 좋아하지 않기 때문이다. 코헬렛은 하나님 앞에서 한 맹세는 은밀하게 서원한 것일지라도 반드시 지킬 것을 촉구한다. 서원은 인격적인 관계 속에서 이루어지는 것이므로 하나님께 대한 일방적 약속이라 할지라도 그것을 지킴으로써 인격적 존경과 신뢰를 증명하라는 것이다.

코헬렛에게 하나님 경외는 신앙과 함께 실천의 문제가 동반된다. 단순히 몇 마디 말로 떼우는 것이 아니라 예배와 기도와 신의(信義)를 통해 드러나야 한다. 더 나아가 하나님을 경외하는 태도로써 말을 적게 해야 하는 이유는 신앙이 허황된 말로 증발해 버릴 수 있음을 경계하기 위해서이고 이것이 실제 행동으로 표현되어야 함을 강조하기 위해서이다.

# 22 사랑의 노래

## 아가

(아 2:10–17) 암송 아 8:7

"많은 물도 이 사랑을 끄지 못하겠고 홍수라도 삼키지 못하나니 사람이 그의 온 가산을 다 주고 사랑과 바꾸려 할지라도 오히려 멸시를 받으리라."

### 1. 서언

아가의 히브리어 명칭은 1장 1절의 첫 말씀 '쉴 하쉬림', 즉 "노래들 중의 노래들"(Song of Songs)이다. 그 뜻은 "가장 좋은 노래들"이란 뜻이다. 한글 번역 '아가서'는 "아름다운 노래의 책"이란 뜻이다. 그리하여 70인역과 벌게이트역은 'canticum canticorum'이라 부르는데 둘 다 그 의미는 "노래 중의 노래"란 뜻이다.

아가가 솔로몬에게서 나왔다는 것은 경전(Kanon) 안으로 받아들이도록 한 결정적인 이유가 되었다. 영어 성경은 책명을 "The song of Solomon"이라 하여 저자가 솔로몬인 것을 나타냈다. 아가에는 21종의 식물과 15종의 동물이 소개되어 있다. 순수한 사랑의 시문이요, 사랑의 마력, 서로 사랑하는 사람들의 그리움, 그들의 열정과 헌신, 그들의 결합에 대한 기쁨을 찬미한다.

## 2. 내용 구조와 장별 제목

### 1) 구조

아가서의 내용 구조는 사랑하는 이들이 서로 사랑을 노래함(1:1-3:11), 서로 아름다움을 예찬함(아 4:1-5:16), 서로 뜨거운 사랑을 노래함(6:1-8:14)으로 구성되었다.

아가서의 해석 방법은 두 가지로 나눌 수 있다.

(1) 유대교의 전통적 해석 방법

미쉬나(Mishnah)나 탈굼(Talgum), 탈무드(Talmud) : 아가서를 하나의 풍유로 보았고, 그 내용은 이스라엘의 출애굽에서부터 메시야를 맞을 때까지의 전 역사에 있어서 그 백성들을 향한 하나님의 사랑을 완전한 비유로 나타낸 것이라고 보았다.

(2) 기독교의 전통적 해석 방법

교부 오리겐, 아타나시우스, 제롬, 어거스틴 : 많은 학자들은 아가서를 풍유적으로 보면서, 그리스도와 교회의 거룩한 사랑을 비유한 것으로 보았다. 오리겐에 의하면, 아가서는 실제로 솔로몬과 바로의 딸의 '결혼의 축가'로 기록된 것이나 그 내용은 신랑은 그리스도를, 신부는 교회를, 신랑의 친구들은 하늘의 천사들을, 예루살렘의 처녀들은 지상의 신자들을 비유한다고 했다.

2) 장별 제목

1장 그리스도와 교회의 사랑, 2장 그리스도와 교회의 교통, 3장 교회가 그리스도를 구함, 4장 교회가 가지는 은혜의 아름다움, 5장 교통이 끊어진 교회의 아픔, 6장 칭찬하는 그리스도와 교회, 7장 신부 되는 교회의 아름다움, 8장 그리스도에 대한 사랑과 이방인에 대한 그리스도의 사랑.

## 3. 메시지

(1) 영원한 신랑이신 그리스도의 사랑의 고백을 들을 줄 아는 귀를 가져라(1-2장).

(2) 포도원을 허는 여우를 잡아라(2:15) - 사랑을 방해하는 마귀를 분별하라.

(3) 신랑 되신 그리스도를 찾아 나서라(3:1-5).

(4) 항상 신랑이신 그리스도를 맞을 준비를 하라(5:2-8).

(5) 신랑이신 그리스도와 함께 현장으로 떠나야 한다(7:10-13).

(6) 순교신앙(8:6-7)과 선교신앙(8:13-14)으로 무장하라.

# 23 심판과 구원

## 이사야

(사 53:5-6) 암송 사 60:1

"일어나라 빛을 발하라 이는 네 빛이 이르렀고 여호와의 영광이 네 위에 임하였음이니라."

### 1. 서언

이 선지자의 히브리어 이름은 예사 - 야후(יְשַׁעְיָהוּ Yeša'-Yāhû)로서, "여호와는 구원이시다"라는 뜻이다. 이 책은 주인공의 이름을 따른 것이다. 70인역에서는 '헤사이아스'라 부르고, 벌게이트역은 '에사이아스'라 부른다. 이사야의 기본 주제는 인간의 구원이 인간 자신의 힘이나 선한 행위에 있는 것이 아니라, 구속자이신 하나님의 은혜와 능력에 의해서 된다는 것이다. 이사야 7장, 9장, 그리고 52장 13절-53장 12절의 메시야 노래 등은 기독론을 잘 묘사하고 있기 때문에, 구약의 어느 책보다도 깊고 오묘한 기독론적 통찰력을 제공하므로 "복음적 선지서"라고 적절하게 불리운다.

## 2. 내용 구조와 장별 제목

### 1) 구조

이사야는 웃시야, 요담, 아하스, 히스기야 제왕의 시대에 걸쳐 궁정목사의 지위에 있었고, 활동 연대는 기원전 750-695년까지로 전해진다. 본서의 전반부는 이스라엘에 임박한 심판의 문제로 하나님의 거룩과 의와 공평, 하나님의 통치를 다루고 있으며(1-39장), 후반부는 하나님의 위로와 은혜, 긍휼과 영광을 다루고 있다(40-66장).

### 2) 장별 제목

1장 계시, 2장 여호와의 날, 3장 멸망과 심판, 4장 청결 예언, 5장 들포도, 6장 소명, 7장 임마누엘, 8장 백성의 패망, 9장 평강의 왕, 10장 막대기인 앗수르 멸망, 11장 회복과 귀환, 12장 감사하고 찬송하라, 13장 바벨론의 멸망, 14장 떨어진 계명성, 15장 모압의 황폐, 16장 모압의 통곡, 17장 노략한 자에 대한 보응, 18장 구스에 대한 예언, 19장 애굽에 임하신 하나님, 20장 3년간 벗어라, 21장 바벨론 · 두마 · 아라비아에 대한 경고, 22장 셉나에게 경고, 23장 두로의 멸망에 대한 경고, 24장 땅을 벌하심, 25장 모압을 벌하시리라, 26장 유다 백성의 승리, 27장 승리를 주시리라, 28장 에브라임에 대한 경고, 29장 교훈을 받으리라, 30장 하나님을 기다리라, 31장 돌아오라, 32장 장차 한 왕의 공의 통치, 33장 구원, 34장 열방 진멸, 35장 너희를 구하시리라, 36장 앗수르의 유다 침공, 37장 왕에게 하나님의 뜻을 전하다, 38장 죽는 병과 치유, 39장 바벨론에서 온 사자, 40장 앙망하는 자, 41장 굳게 도우시리라, 42장 새 노래로

찬송하라, 43장 하나님 이외의 구원자가 없다, 44장 하나님 이외에 다른 신이 없다, 45장 고레스를 세우다, 46장 반드시 이루신다, 47장 바벨론과 갈대아 심판, 48장 새 일을 하심, 49장 백성의 구원, 50장 하나님께 의지하라, 51장 만민의 빛, 52장 예루살렘 구속, 53장 그리스도의 고난, 54장 하나님의 자비, 55장 여호와를 찾으라, 56장 이방인들을 축복, 57장 하나님이 고치시리라, 58장 금식과 안식일, 59장 죄과를 떠나라, 60장 사명, 61장 은혜와 구원, 62장 은혜와 구원, 63장 은총 위한 기도, 64장 자비와 사랑을 구하는 기도, 65장 새 하늘과 새 땅, 66장 앞에 두리라.

## 3. 메시지

이사야서의 핵심 요지는 "하나님의 거룩함" 이다. 이사야서에 나타난 하나님을 통한 유일신 사상은 결코 변함이 없다. 이것은 또한 남은 모든 자들에게 희망과 위로를 준다.

(1) 매를 맞지 마라(1장) - 그루터기로 회복하라.

(2) 소명을 알고 소명대로 살라(6장).

(3) 하나님을 만나라(7장 14절, 53장).

(4) 사명을 감당하라(60장) - 회복과 구원의 성취.

# 24 유다의 심판 경고

## 예레미야

(렘 1:4-19) 암송 렘 1:10

"보라 내가 오늘 너를 여러 나라와 여러 왕국 위에 세워 네가 그것들을 뽑고 파괴하며 파멸하고 넘어뜨리며 건설하고 심게 하였느니라 하시니라."

### 1. 서언

예레미야 예언자의 예언(預言)과 설교를 담은 예언서이다. 자신의 동족들로부터 멸시를 받고 박해를 받으면서 기록했으며 자신의 설교들과 표적들을 통해 하나님의 뜻에 복종하는 것만이 심판을 피할 수 있는 유일한 길임을 선포했다. 예레미야가 야훼(야웨)께서 이스라엘을 심판하셨다가 다시 고쳐 주실 날을 기대하면서, 땅을 샀다고 말하는 내용이 있는 것으로 보아, 이는 이스라엘이 바벨론의 침공으로 몰락한 후에 쓰여진 것으로 추정된다.

## 2. 내용 구조와 장별 제목

### 1) 구조

야훼(야웨)의 심판은 없을 것이라며 마음 놓고 죄 짓던 사람들 앞에서 하나님께서는 그분의 백성이라고 해도 회개하지 않으면 심판하시는 정의의 하나님이심을 알린다. BC 627-586년경에 쓰여진 것으로 요시야 왕 때부터 유다의 멸망 때까지 쓰여진 것으로 보이며, 예레미야는 BC 650년경 아나돗의 제사장 가문에서 태어나 20세에 선지자로 부름 받았다.

본서는 제1부 예레미야의 소명(1:1-19), 제2부 유다를 향한 예언들(2:1-45:5), 제3부 이방인들을 향한 예언들(46:1-51:64), 제4부 예루살렘의 멸망(52:1-34)으로 구성되어 있다.

### 2) 장별 제목

1장 소명, 2장 유다에 훈계함, 3장 유다의 회개 촉구, 4장 회개하지 않는 백성이 받을 화, 5장 심판받을 백성, 6장 유다 멸망, 7장 회개 촉구, 8장 받을 심판, 9장 심판, 10장 유다의 멸망, 11장 언약 파괴로 인한 심판, 12장 선지자의 불평, 13장 교만하지 마라, 14장 간구하는 백성, 15장 백성을 벌하시리라, 16장 유다 재앙과 이방 구원, 17장 구원하시는 하나님, 18장 토기장이, 19장 깨진 옹기, 20장 예레미야의 사정을 아뢰다, 21장 바벨론 침입, 22장 유다 왕들에 대한 심판, 23장 거짓 선지자들의 죄, 24장 무화과의 비유, 25장 칠십년 환난, 26장 백성에게 선포, 27장 바벨론을 섬기게 될 나라들, 28장 하나냐의 거짓 예언, 29장 포로에게 편지 보냄, 30장 회복, 31장 새 언약, 32장 아나돗의 밭, 33장 메시야 약속, 34장 메시야 약속, 35장 순종과 축복, 36장 성전에서 두루마리 책 낭독, 37장 투옥, 38장 항복을 권고받음, 39장 함락, 40장 그다랴 총독, 41장 이스마엘의 반역, 42장 애굽 출입 금지, 43장 애굽으로 가다, 44장 애굽 출입자에 예언, 45장 바룩 위로, 46장 바벨론의 애굽 정복, 47장 블레셋 멸망, 48장 모압 멸망 예언, 49장 열국 멸망 예언, 50장 바벨론 멸망 예언, 51장 바벨론 멸망 예언, 52장 예루살렘의 파괴.

## 3. 메시지

(1) 소명으로 살아야 한다 - 소명 환상에서 끓는 가마의 심판 외침(1:13-19).

(2) 끓는 가마를 보라(4:5-8, 13-18, 19-22, 19-31; 5:15-17; 6:1-8, 12-26; 8:14-16).

(3) 하나님 백성을 괴롭히면 망한다(46장-애굽, 47장-블레셋, 48장-모압, 49장-열국, 50-51장-바벨론).

(4) 회개해야 산다 - 우상숭배와 타락에서(4:1-4, 31:18-19).

(5) 사명을 감당해야 한다 - 살구나무처럼 자라서 끓는 가마를 바로잡고 열방 구원(1:11-17).

# 25 애국의 눈물

## 예레미야애가

(애 1:1-22) 암송 애 5:21

"여호와여 우리를 주께로 돌이키소서 그리하시면 우리가 주께로 돌아가겠사오니 우리의 날들을 다시 새롭게 하사 옛적 같게 하옵소서."

### 1. 서언

옛날 히브리 사람들은 자기가 저술한 책에 제목을 붙이는 일이 없었다. 후일에 다른 사람들이 그 내용을 보고 합당한 제목을 붙였다. 본서의 히브리어 제목은 본서의 첫 글자인 '에카'(어찌하여)이다. 그런데 70인역의 번역자들이 본서의 내용을 따라 '예레미야의 눈물'이라고 이름을 붙였고, 라틴역에서는 '눈물'이라고 제목을 붙이고 '예언자 예레미야의 애가'라는 주석을 붙였다. 영어 성경이나 한글 성경은 이 라틴어 성경을 따른 것이다. 애가란 '슬픈 노래, 애도가'라는 뜻이다.

## 2. 내용 구조와 장별 제목

### 1) 구조

예레미야애가는 이스라엘의 죄에 대해 한탄하는 다섯 편의 애도가로 구성되어 있다. 기록 시기는 예루살렘 멸망 후 오래지 않은 때이며, 분명한 것은 그가 생존했으며 BC 586년 예루살렘 함락 직후에 쓰여진 것으로 본다. 4장까지는 애가 형식이며, 5장은 기도문으로 구성되어 있다.

### 2) 장별 제목

1장 시온이 자신의 파멸을 탄식하는 노래를 부른다, 2장 시온의 파멸이 하나님의 진노에서 비롯되었음을 밝힌다, 3장 예레미야는 예루살렘의 절망을 자신의 것으로 삼고, 자신의 절망은 예루살렘의 절망이 된다, 4장 바벨론에 포위된 예루살렘의 처참한 상황을 슬퍼하고 두려워한다, 5장 예루살렘의 남은 자를 위하여 하나님께 간구한다.

우리는 예레미야가 일평생 죄의 문제로 고심했다는 것을 잘 이해하지 못한다. 사실 당시 이스라엘 백성들 역시 예레미야를 이해하지 못했다. 오히려 그들은 그를 비웃었고 그의 메시지를 거부했다. 예레미야는 백성들을 향해 만일 그들이 마음을 곧게 하지 않으면 나라를 잃게 될 것이고 바벨론에 포로로 잡혀갈 것이라고 엄중히 경고했다. 그러나 과거의 슬픔에 대한 묘사로서 끝나는 것이 아니고 미래를 향한 희망의 빛도 보여줌으로써 성도들이 나아갈 바를 제시해 주고 있다. 지금도 가톨릭에서는 고난주간에 의무적으로 본서를 읽게 한다고 한다.

## 3. 메시지

(1) 눈물로 기도하는 사명자가 되라(너희 웃음을 눈물로 바꾸라, 1:1-4).

(2) 밤 초경에 일어나 기도하라(회개와 기도만이 살 길,(2:19).

(3) 고난은 기도와 눈물로 새 소망과 새 역사가 된다(3:55-66).

(4) 이스라엘과 유다의 멸망을 거울로 삼아라(멸망의 원인 - 우상 섬김 / 말씀 떠남 / 사명 불이행).

(5) 유다와 이스라엘처럼 되지 않게 기도하라(5장) 죄로 인해 참혹한 결과가 발생할 것이라 경고했다. 그러나 그는 "거봐, 내가 뭐랬어?" 라고 질책하기보다 백성들이 하나님께 불순종하여 결국은 먼 타국에서 고생하게 될 것을 슬퍼하는 마음과 기도를 담았다. 선지자의 마음이 하나님의 마음이고 우리 마음이 되어야 한다.

# 26 영광의 상실과 회복

## 에스겔

(겔 47:1–12) 암송 겔 37:27

"내 처소가 그들 가운데에 있을 것이며 나는 그들의 하나님이 되고 그들은 내 백성이 되리라."

### 1. 서언

히브리 이름 '예헤즈케엘' (Yeḥezeqē'l)은 "하나님께서 강건케 하신다"는 뜻을 지니고 있다. 에스겔 예언의 주제는 예루살렘 멸망과 바벨론 포로가 하나님께서 불순종하는 백성을 다시 바로잡고 또한 그들로 하여금 완전히 배도에서 돌아가게 하는 데 필요한 적절한 조치였음을 가르치는 것이다.

에스겔은 선지자로서의 사역을 BC 592년에 시작하게 된다. 그때 그의 나이 약 30세였다(1:1). 그의 행복했던 결혼 생활은 그의 아내가 BC 587년 갑자기 죽음으로써 끝나고 말았다(24장). 그는 바벨론에 포로로 잡혀간 유대인들 사이에 설교자로서, 예루살렘이 멸망당하고 유다 백성이 바벨론에 포로로 잡혀간 것은 유다 민족을 올바르게 고치고 그들을 배도의 길에서 돌이키기 위해 행하신 하나님의 은혜의 결과라고 말한다. 그리고 때가 오면 여호와께서 치셨던 백성들이 회개하고 돌아올 뿐 아니라 새 성전에서 영광스런 하나님의 나라가 다시 이룩될 것을 가르치고 있다.

## 2. 내용 구조와 장별 제목

### 1) 구조

본서도 여러 책들과 마찬가지로 스피노자를 비롯한 많은 학자들이 에스겔의 저작설을 부인하기도 하지만, 에스겔 자신이 저자라는 것은 전체적으로 나타나는 사상과 배열의 유사성에서 한 작품임을 알 수 있다. 본서의 시작은 BC 593년이며 끝은 559년이다. 본서는 두 부문으로 분명하게 나타나고 있는데 1-32장은 장차 임할 심판, 33-48장은 장차 임할 회복이다. 하나님의 영광이 떠남과 회복에 대한 내용이다.

### 2) 장별 제목

1장 환상, 2장 소명, 3장 파송, 4장 예루살렘의 포위 예언, 5장 재앙과 멸망 예언, 6장 심판과 구원 예언, 7장 이스라엘의 종말, 8장 예루살렘의 심판과 멸망, 9장 심판 명령, 10장 영광이 성전 떠남, 11장 남은 자 예언, 12장 표적, 13장 거짓 예언, 14장 우상숭배 금지, 15장 쓸모없는 포도나무, 16장 음란한 여인, 17장 받을 형벌, 18장 자신의 죄 담당, 19장 애가, 20장 배반과 회복, 21장 심판의 칼, 22

장 조롱거리, 23장 부정한 도시, 24장 아내의 죽음, 25장 이방 심판 예언, 26장 두로 심판, 27장 애도, 28장 두로 왕과 시돈이 받을 심판, 29장 하나님의 진노, 30장 동맹국 파멸됨, 31장 앗수르 몰락, 32장 애굽 애가, 33장 악인과 의인에 대한 심판, 34장 목자 심판, 35장 세일산 심판, 36장 새 영 약속, 37장 마른 뼈들의 비유, 38장 곡에 대한 예언, 39장 곡의 멸망에 대한 예언, 40장 성전 환상, 41장 성전의 구조, 42장 제사장들의 방, 43장 성전 안에 있는 하나님의 영광, 44장 제사장 규례, 45장 거룩한 구역과 규례, 46장 제사 규례, 47장 생명수 축복, 48장 12지파의 지계.

## 3. 메시지

(1) 하나님의 영광이 떠나지 않게 하라(9:3; 10:4,18,19; 11:22-23).

(2) 하나님의 영광을 회복시켜라(성령 37장, 성전 47장, 말씀 47장).

# 27 세계를 통치하시는 하나님

## 다니엘

(단 6:1–28) 암송 단 12:3

"지혜 있는 자는 궁창의 빛과 같이 빛날 것이요 많은 사람을 옳은 데로 돌아오게 한 자는 별과 같이 영원토록 빛나리라."

### 1. 서언

책명 '다니엘' 은 주인공 "다니엘"의 이름을 따라 부른 것이다. 다니엘이란 이름은 'Dāniyyē'l' 로서 "하나님은 나의 심판자이다" 라고 할 수 있다.

다니엘은 유다 왕 여호야김 3년(BC 605)에 바벨론 왕 느부갓네살에 의해 포로로 잡혀 왔다(1:1). "나 다니엘은……" 이라는 표현은 직접적으로 자신이 저자임을 나타내고 있는 부분들이다. 그의 족보를 보면 왕족이며 귀족이라는 암시를 하고 있다(1:3 참조). 그와 함께한 친구들은 하나냐와 미사엘과 아사랴였다. 다니엘은 당대에 있어서 인격이 훌륭하다는 평판을 받고 있었다. 다니엘은 70년 동안 하나님의 백성들이 포로 생활을 하는 기간 중에 내내 바벨론에서 하나님의 백성을 섬겼다.

사용된 언어를 보면 2-7장은 아람어로, 1장과 8-12장은 히브리어로 기록되었다.

## 2. 내용 구조와 장별 제목

### 1) 구조

본서는 BC 6세기 이후 다니엘에 의해 바벨론에서 기록되었다. 제1부(1-6장)의 내용은 다니엘과 그의 세 친구들이 어떻게 귀한 몸들이 되었으며 또 질투 속에서 박해를 받고도 신앙의 절개를 지켜 하나님께 충성을 다했는가를 기록하고 있다. 제2부(7-12장)는 묵시문학의 대표적인 것으로 네 개의 환상을 기록하고 있다. 이 환상을 통하여 땅 위 인간들의 왕국은 한때는 흥하나 끝내는 멸망하고 하나님의 나라는 영원히 존속할 것임을 가르치고 있다.

본서의 주요 사상(교훈)은 두 가지라고 할 수 있다. 첫째는 하나님의 나라이다. 둘째는 부활 사상이다. 땅의 티끌 가운데서 자는 자 중에 많이 깨어 영생을 얻는 자도 있겠고 수욕을 받아서 무궁히 부끄러움을 받을 자도 있을 것(단 12:2)을 밝히 말하고 있다.

### 2) 장별 제목

1장 다니엘과 세 친구, 2장 느부갓네살 왕의 꿈 해석, 3장 풀무불 속의 세 친구, 4장 느부갓네살 왕의 꿈, 5장 벨사살 축제와 꿈 해석, 6장 사자 굴 속에서 살아오다, 7장 다니엘이 본 환상, 8장 숫양과 숫염소의 환상, 9장 일흔이레 예언, 10장 힛데겔 강가의 현상, 11장 진리의 글에 기록된 비밀들, 12장 하나님의 구원 계획.

## 3. 메시지

그리스도는 종말론 강화에서 다니엘의 예언을 중요하게 언급하였다(마 24장; 눅 21장). 하나님은 교만한 통치자를 심판하시고, 그들에게 고난 받는 자기 백성을 구원하실 것이다. 그러므로 성도들은 잠시 극심한 고난이 있지만, 하나님은 메시야를 보내셔서 하나님 나라를 완성하시고, 그 백성들을 거룩하게 하실 것이다.

(1) 신앙의 절개를 지켜라 - 다니엘과 친구들의 신앙을 본받아야 한다(1장).

(2) 풀무불 속에서도 지키시는 하나님은 그리스도와 성령으로 지금도 함께 하신다(3장).

(3) 하나님은 역사의 주관자이시다(4장) - 바벨론 / 메대-파사 / 희랍 / 로마.

(4) 순교신앙은 하나님과 왕을 감동시켰다(6장).

(5) 하나님은 열방 역사의 주관자이시며 기도하는 자에게 역사하신다(7-10장).

(6) 종말을 준비하며 별과 같이 영원히 빛나는 천국의 일꾼이 되어야 한다(12장).

# 28 사랑과 구원

## 호세아

(호 6:1-11) 암송 호 10:12

"너희가 자기를 위하여 공의를 심고 인애를 거두라 너희 묵은 땅을 기경하라 지금이 곧 여호와를 찾을 때니 마침내 여호와께서 오사 공의를 비처럼 너희에게 내리시리라."

### 1. 서언

히브리 성경은 주인공의 이름을 따라 '호세아'(הושע)라 부른다. 호세아(Hōshēa')는 '구원' 이라는 뜻을 지니고 있다. 본서의 주제는 북방 왕국이 하나님과의 언약을 배신하고 또한 사회 윤리와 개인 윤리가 크게 부패해 그들의 죄를 진지하게 항의하는 것이다.

호세아 선지자는 예레미야가 유다 나라의 임박한 종말을 외친 것처럼 북방 이스라엘을 향해 임박한 패망을 선포한다. 이러한 패망의 예언 가운데도 북방 이스라엘에 대한 하나님의 사랑의 깊이를 정절을 지키지 못하는 아내에 대하여 참고 인내하는 남편의 사랑으로써, 그리고 새벽 빛(6:3), 늦은 비(6:3), 이슬(14:3) 등으로 표현하며,

이스라엘에게 메시야적 구원이 있을 것을 말한다.

## 2. 내용 구조와 장별 제목

### 1) 구조

호세아 선지자는 여로보암 2세가 통치하던 때(BC 782-753)에 활동하던 북왕국의 선지자로서 이때는 물질적으로 풍부하면서 영적으로 빈곤한 시대였다. 호세아와 음탕한 아내 고멜과의 절망적이고 비참한 부부 생활을 은유적으로 표현해 하나님과 이스라엘 민족과의 관계를 깊이 이해시키고 있는 것이다. 그는 가정생활의 경험과 개인적인 고뇌를 통해 하나님의 구속적 사랑의 강함과 불변성을 깨달았다(3:1).

호세아는 특별히 세 가지 죄악을 강조하여 지적하고 있다. (1) 우상 숭배다. (2) 계약 파괴이다. 부부의 언약을 파괴하는 일이 악하고 부도덕한 일인 것처럼 그러한 죄를 범한 민족은 반드시 멸망한다는 것을 강조하고 있다. (3) 종교 지도자들이 타락하였으며 그들의 죄악과 책임은 더 큰 것이었다(4:9).

### 2) 장별 제목

1장 호세아의 음란한 아내와 자식들의 비유, 2장 음란을 제거하라. 여호와께서 네게 장가들 것이다, 3장 하나님이 사랑하면 음녀라도 사랑하라, 4장 백성이 지식이 없어 망한다, 5장 음란한 에브라임과 유다의 심판, 6장 여호와를 힘써 알자, 7장 이스라엘의 여러 죄악, 8장 우상숭배와 거짓 예배, 9장 심판의 날, 10장 지금이 곧 하나님을 찾을 때라, 11장 하나님이 이스라엘을 버리지 않을 것이다, 12장 회개와 축복에 대한 권면.

### 3. 메시지

1-3장은 죄, 심판, 그리고 회복을 말하며, 4-14장도 1-3장과 같이 이 이스라엘의 죄와 심판, 그리고 회복에 대한 언급이 반복되고 있다. 그러므로 고멜이 남편 죽이기를 하듯이 이스라엘이 하나님 죽이기를 하지 말고 힘써 하나님을 알아야 살게 될 것을 말한다.

(1) 오직 예수 그리스도로 살라(1:2) - 신앙의 정절을 지켜라.

(2) 우상숭배는 영적 간음이다(2:16) - 고멜과 같은 이스라엘.

(3) 끝까지 사랑하라(3:1) - 십자가의 사랑, 하나님의 아픈 마음을 알라.

(4) 하나님의 심판을 생각하라(5장) - 망국의 원인과 민족 복음화의 이유.

# 29 여호와의 날

## 요엘

(욜 2:12-20) 암송 욜 2:18

---

"그때에 여호와께서 자기의 땅을 극진히 사랑하시어 그의 백성을 불쌍히 여기실 것이라."

### 1. 서언

본서의 명칭은 선지자 요엘의 이름을 따라 부른다. 브두엘의 아들(1:1) 요엘(לאוי, Joel)이라는 이름의 뜻은 "여호와는 하나님이시다"(םיהלא הוהי)이다.

요엘 선지서의 주제는 여호와의 날에 이스라엘에게 임할 하나님의 심판에 대한 엄중한 경고이다. 이 심판의 날은 그 나라에 경제적 타격을 주는 황폐케 만드는 메뚜기로 상징되고 있다. 이 재앙은 모든 불신 세력에게 공평히 임할 마지막 파멸의 때를 가리키고 있다. 그러나 마침내 여호와의 날이 임하고 구원을 기뻐하게 된다는 것이다.

## 2. 내용 구조와 장별 제목

### 1) 구조

저작 시기는 BC 830년 요아스 통치 초기설과 BC 400년 포로 귀환 후기설이 있으며, 3장 1-2절의 '포로에서 귀환한 자' 를 증거로 들고 있다. 그러나 한편 왜 페르시아의 통치 흔적이 없는지도 중요한 의문이다.

가공할 만큼 많은 메뚜기 떼가 모든 곡식과 초목을 먹어 버리고 땅을 초토화하는 큰 재앙이 유다에 일어났다. 요엘은 이 사건에서 자연적인 재난과 이스라엘 민족의 종교적, 도덕적 생활 사이에 어떠한 깊은 관련성이 있는 것으로 믿었다. 요엘은 이 재앙을 보고 회개하라고 호소하였다. "여호와의 말씀이 너희는 이제라도 금식하고 울며 애통하고 마음을 다하여 내게로 돌아오라 하셨나니"( 2:12) 라고 외쳤다. 그러니 요엘의 말씀은 희망의 예언이기도 한 것이다. 만일 이스라엘 민족이 회개하고 하나님께로 돌아서기만 하면 하나님께서는 가뭄과 메뚜기 떼로 잃어버린 것보다 더 많이 주실 것이라고 예언하였다(2:19, 2:25-26).

### 2) 장별 제목

1장 메뚜기 재앙, 2장 회개할 때 주시는 영, 3장 회복케 하시는 하나님.

## 3. 메시지

메뚜기 재앙에서 메뚜기에 대한 세 가지 해석이 있는데 풍유적으로는 대적을, 문자적으로는 실제 메뚜기를, 계시적 방법은 미래에 대적과 싸울 전쟁에서의 피해에 대한 상징으로 해석한다. 1장 6절과 2장 4-11절에 의해 세 번째 해석이 가장 타당하다고 볼 수 있다. 심판의 그날이 다가올 때 오직 회개하고 성령을 받아 승리할 것을 말하고 있다.

(1) 하나님을 찾아 기도하는 백성이 되라(1:13-15).

(2) 회개하고 하나님을 찾아라(2:12-17).

(3) 회복(2:18-2:27), 성령 부으심(2:28-32), 대적 물리치심(3:1-16), 축복(3:17-21).

이스라엘 백성들은 간절히 기다리던 그날이 그들이 바라는 구원의 날로서 여호와의 날(1:15; 2:1-2, 10-11, 30, 3:14-16)이다. 우리가 회개하고 기도할 때가 하나님의 가슴에 불을 붙이는 시간이다(2:18). 주의 가슴을 뜨겁게 할 때 그날이 온다.

# 30 공의와 심판

## 아모스

(암 5:14-24) 암송 암 5:24

"오직 정의를 물같이, 공의를 마르지 않는 강같이 흐르게 할지어다."

### 1. 서언

아모스라는 이름의 뜻은 "짐을 들어올리다"라는 의미이다. 그래서 아모스서는 주인공의 이름을 따라 '아모스'라고 한다. 이 단어의 뜻은 동사 '야마스'에서 알 수 있는 것으로 "짐" 혹은 "짐을 운반하는 자"라 할 수 있다. 남왕국 유다 출신이 북왕국 이스라엘로 가서 예언자의 역할을 한 것을 알 수 있다.

본서는 하나님이 법도를 떠나 우상숭배, 방탕, 부정, 부패가 득실거렸던 북왕국 이스라엘의 패망을 선포한다. 여로보암 2세 시대에 북왕국 이스라엘은 경제적으로 안정되며, 외세의 침입이 없어 세상적으로 호화스럽고 번영을 누리고 있었다. 그러나 타락한 종교, 정치, 사회상은 이스라엘의 패망을 재촉하였다. 이러한 안일과 타락에 빠진 이스라엘에게 아모스는 과감히 하나님의 심판을 예언하였다.

## 2. 내용 구조와 장별 제목

### 1) 구조

본서는 유다와 이스라엘의 번성기였던 여로보암 2세와 웃시야의 통치 중간 시점인 주전 760년경 이후로 보는 것이 타당하다. 세상적으로 부유하고 잘 될 때에 우상숭배와 여러 범죄로 하나님의 심판을 경고한 예언이다.

(1) 신관

하나님은 의의 하나님이시라는 것을 어느 예언자보다도 명확하게 가르친 예언자가 아모스이다(5:24).

(2) 예배관

하나님은 희생 제물, 절기, 노래, 형식적 기도 등 일체의 종교의식을 기뻐하시지 않는다고 폭탄 선언을 한다(7:12-13).

(3) 여호와의 날

죄를 지으면서도 이스라엘 민족은 하나님께서 모든 원수의 나라들을 쳐부수고 이스라엘이 온 세계를 지배하게 되는 날이 온다는 헛된 꿈을 아모스는 여지없이 깨뜨려 버렸다(5:18). 죄를 범하는 민족에게는 희망과 미래가 없다는 것이다.

### 2) 장별 제목

1장 이방 나라에 대한 심판, 2장 유다와 이스라엘에 대한 심판, 3장 피할 수 없는 심판, 4장 깊은 타락, 5장 여호와를 찾아라 그리하면 살리라, 6장 안일에 빠진 자에 대한 심판, 7장 여러 가지 재앙들. 아모스가 아마샤를 저주하다, 8장 여호와의 말씀을 듣지 못한 기갈, 9장 멸망과 회복.

## 3. 메시지

1-2장은 이방에 대한 심판, 3-6장은 이스라엘 심판, 7-8장은 다섯 심판의 환상, 9장은 메시야 약속으로 오래 참으시는 하나님의 은혜를 말하고 있다. 그는 벧엘에 가서 심판을 외쳤지만 들어 주는 자가 없어 다시 유대에 돌아와서 글로 예언을 기록했다.

(1) 작은 것을 욕심 내다가 큰 것을 놓치지 마라(2:5-8).

(2) 하나님을 찾아야 산다(6:3) - 하나님을 알고 찾는 것이 가장 잘사는 길이다.

(3) 하나님의 심판의 5가지 현상을 기억하라(7-8장) - 황충 · 불 · 다림줄 · 여름 과일 · 제단.

(4) 심판 중에도 하나님의 은혜는 있다(9:14-15) - 하나님을 찾아라.

# 31 에돔의 멸망

## 오바댜

(옵 1:1–21) 암송 옵 1:10

"네가 네 형제 야곱에게 행한 포학으로 말미암아 부끄러움을 당하고 영원히 멸절되리라."

### 1. 서언

오바댜의 이름의 뜻은 "여호와의 종"이다. 오바댜에 대해서는 다른 참고 자료를 얻을 수가 없다. 그러나 오바댜라는 이름은 히브리인들 사이에 흔한 이름이었던 것 같다(왕상 18:3; 대상 3:21; 욥 7:3, 8:38, 9:16, 12:9; 대하 17:7, 34:12; 스 8:9; 느 10:5 등 참조).

연대에 관하여 학자들 사이에 의견이 많으나 예레미야 전후의 사람이라고 보는 것이 좋을 것이다. 예레미야 49장 14-16절과 본서 오바댜 1장 1-3절은 같은 낱말들과 내용을 말하고 있는 것을 볼 수 있다.

## 2. 내용 구조와 장별 제목

### 1) 구조

하나님의 백성인 이스라엘을 돕지 않고 괴롭힌 에돔에 대한 하나님의 심판이 본서의 내용이다. 그렇기 때문에 본서는 다른 민족을 멸시하며 저주하고 오직 자기 민족만 높이 드리울 것을 희망하고 있는 인상을 준다. 이로 인해 편협한 배타주의 민족이라는 비난을 받기도 한다. 그러나 본서가 가르치는 중심 내용은 이웃 나라(이스라엘)가 당하는 고난을 보고도 도와주지 않고 오히려 그것을 자기(에돔)의 이익을 얻을 좋은 기회로 삼는 잔인한 무관심과 부도덕을 하나님께서 미워하신다는 것과, 그러한 나라는 이웃 나라와 똑같은 고난을 받게 된다는 것을 예언한 것이다.

본서를 잘 이해하기 위해서는 이스라엘과 에돔의 과거를 잘 알아야 한다. 이스라엘 민족은 야곱의 후손이요, 에돔 민족은 에서의 후손이다. 야곱의 간교는 형제 사이에 불화를 가져왔는데 그 후손들도 화목하지 못했다. 이스라엘 민족이 가나안에 정착하려고 에돔 땅을 지나갈 것을 요청했을 때 에돔은 그것을 거절했으며 가나안 정착 후에도 두 나라는 서로 무역 경쟁자의 입장에서 이해상반의 대립 관계에 있었다. 에돔은 유다 왕국의 멸망을 바라고 기뻐하는 처지였다(옵 11:1-14; 애 4:21).

### 2) 장별 제목

총 1장으로 구성되어 있으며 죄로 인한 에돔의 파멸을 말한다. 1-9절은 에돔 멸망, 10-14절은 에돔의 죄, 15-16절은 열방 심판, 17-

21절은 시온에서 구원하심을 말한다.

## 3. 메시지

(1) 하나님은 언약을 지키시는 신실하신 하나님이다(창 12:1-3).

(2) 에돔의 교만과 포악성으로 인한 심판의 선포이다(2, 3, 5, 6, 9, 10, 15, 17-21절).

(3) 이스라엘의 미래적 회복과 약속의 언약들에 대한 하나님의 신실하심.

(4) 하나님과 같은 마음, 같은 뜻, 같은 방향으로 가는 삶이어야 한다.

# 32 회개와 구원

## 요나

(욘 1:1-17) 암송 욘 3:10

"하나님이 그들이 행한 것 곧 그 악한 길에서 돌이켜 떠난 것을 보시고 하나님이 뜻을 돌이키사 그들에게 내리리라고 말씀하신 재앙을 내리지 아니하시니라."

### 1. 서언

본서는 저자, 기록 연대, 내용 등이 사실 기록이냐 우화냐를 놓고 논란이 많은 책이다. 열왕기하 14장 25절에 "이스라엘 하나님 여호와께서 그 종 가드헤벨 아밋대의 아들 선지자 요나로 하신 말씀과 같이 여로보암이 이스라엘 영토를 회복하되 하맛 어귀에서부터 아라바 바다까지 하였으니"라는 말씀이 있다. 본서의 예언자 요나는 바로 여기에 나와 있는 여로보암 2세 때 예언 활동을 한 그 요나이다.

그러나 어떤 학자들은 본서의 내용을 우화로 보고 주전 4세기 중반에 살았던 익명의 한 사상가의 기록으로 보기도 한다. 그러나 예수님이 바리새인들과의 대화에서 요나의 표적을 들어 사실성을 증명해 주셨다(마 12:39).

## 2. 내용 구조와 장별 제목

### 1) 구조

당시 대부분의 이스라엘 사람들은 자기들은 하나님의 선민으로 특별한 하나님의 은총을 독점하고 있으며 다른 민족들은 그 은총 밖에 있다고 생각하였다. 그러나 소수의 선지자들은 그러한 편협한 민족주의를 초월하고 이방인들도 하나님의 사랑과 자비의 대상이며 하나님의 주관하에 있다고 깨달았으며, 더 나아가 이스라엘 민족은 하나님의 도구와 사신이 되어서 모든 민족에게 구원을 전파할 책임이 있다고 생각하였다. 본서에는 이러한 두 사상의 갈등이 잘 나타나 있다.

본서의 제일 중요한 사상이 "세계 모든 민족을 사랑하시는 하나님"이란 사실이 4장 10-11절 말씀에 잘 나타나 있다. 이 말씀을 전하는 요나 자신도 그러한 하나님의 사랑에 질투와 반항 의식을 가졌었다. 그리하여 요나는 다시스로 도망가려고 하다가 큰 고기의 배 속에 들어가 죽을 뻔하였고 니느웨에 가서 전도하면서도 역효과가 나기를 오히려 희망하였다.

### 2) 장별 제목

1장 요나의 불순종, 2장 요나의 기도, 3장 니느웨 백성의 회개, 4장 하나님의 자비.

## 3. 메시지

요나서의 핵심 메시지는 "일어나, 가서, 선포하라"(1:2, 3:2)이다. 요나는 하나님께서 우리와 같은 사람을 통해서 일하신다는 좋은 본보기이다. 요나의 교훈과 이 책의 문자적 해석은 절대적일 수밖에 없다. 왜냐하면 성경의 본질과 예수님의 말씀이 여기에 걸려 있기 때문이다. 요나는 실제 인물이었다(왕하 14:25; 욘 1:1).

(1) 사명을 버리고 자기안일의 길로 가면 광풍이 불어 모든 것을 잃게 된다(1장).

(2) 회개하고 기도하면 산다(2장, 3:19).

(3) 사명지로 가면 하나님이 길을 여신다.

(4) 하나님은 우리의 생각을 초월해서 일하신다.

(5) 니느웨(사명지)로 가라, 하나님이 책임지신다.

# 33 소망과 예언

## 미가

(미 5:1-15) 암송 7:18

"주와 같은 신이 어디 있으리이까 주께서는 죄악과 그 기업에 남은 자의 허물을 사유하시며 인애를 기뻐하시므로 진노를 오래 품지 아니하시나이다."

### 1. 서언

본서는 BC 700년경 농촌인 모라셋 출신의 예언자이며 이사야보다 약간 늦게 활동한 예언자 미가의 기록이다. 이사야가 수도인 예루살렘 출신인 데 반하여 미가는 아모스와 같이 시골 출신이다. 그리하여 미가도 아모스처럼 빈부의 심한 차이와 부자나 권력자들의 불의를 실감하였다. 당시 앗수르는 사방의 여러 나라를 위협하고 있었는데 유다는 앗수르와 애굽 양대 국가 사이에 완충 지대가 되어 있었다. 미가는 요담, 아하스, 히스기야 여러 왕의 시대에 활동한 예언자이다.

## 2. 내용 구조와 장별 제목

### 1) 구조

미가는 가난한 농민과 노동자들에 대하여 동정하였고 부자들의 횡포와 불의에 대하여 예민하였다. 당시의 사회적 경제적 불의를 공격한 것은 아모스와 흡사하다. 미가도 불의한 개인과 민족은 반드시 하나님의 진노를 받는다고 가르쳤다. 미가는 북왕국 이스라엘이 그 범죄 때문에 머지않아 앗수르의 침략으로 멸망한다고 내다보았다. 또한 그와 꼭 같은 운명이 남왕국 유다에게도 임할 것을 확실히 예견하였다. 그러나 미가는 죄에 대한 하나님의 심판과 메시야의 재림에 중심을 둔 구원을 선포한 예언자라고 보아야 할 것이다.

### 2) 장별 제목

1장 심판자의 위엄, 2장 범죄에 대한 형벌, 3장 지도자들의 죄악과 이스라엘의 장래, 4장 그리스도의 왕국, 5장 평화의 왕 그리스도, 6장 회개의 권고와 심판, 7장 구원하실 하나님의 영광.

## 3. 메시지

미가서의 중심 메시지는 현재의 심판과 장래의 축복의 약속이다. 미가서는 메시야의 출현 직전에 선민 이스라엘이 대적자들에게 받을 수치와 고난을 언급하고 있다.

1-2장은 죄와 심판, 3-5장은 소망과 위로, 6-7장은 논쟁과 용서로 나타난다. 그리고 이 세 묶음은 항상 죄와 심판을 말하지만 항상 구

원을 약속하시는 하나님의 모습을 볼 수 있다. 이 세 묶음마다 "들을지어다"로 출발하고 있다. 징벌을 받아야 하지만(1-2장) 메시야 소망으로 소망과 위로를 준다. 그러나 6-7장은 경배를 말하고 있다.

(1) 들으라(1:2), 죄악 때문에 밟히지 않게 하라(1:3-9).

(2) 들으라(3:3), 평화의 왕이 오심을(5:2-6).

(3) 들으라(6:1), 오직 회복은 그리스도로 말미암아 온다(6:7-8, 7:18).

결과적으로 이 말씀은 메시야만이 우리의 구원이심을 보여 준다. 5장은 다음과 같은 메시지를 전한다.

유다를 매질하는 바벨론(1절), 메시야 그리스도(2-3절), 평강의 주이신 심판자(4-6절), 메시야 백성의 승리(7-9절), 회복된 이스라엘(10-15절).

# 34 원수의 멸망

## 나훔

(나 1:1–15) 암송 나 1:7–8

"여호와는 선하시며 환난 날에 산성이시라 그는 자기에게 피하는 자들을 아시느니라 그가 범람하는 물로 그곳을 진멸하시고 자기 대적들을 흑암으로 쫓아내시리라."

### 1. 서언

나훔은 '위안' 혹은 '위로자' 란 뜻이다. 그의 고향은 엘고스라고 본서 1장 1절에 언급되어 있으나 엘고스의 위치도 불분명하다. 나훔의 연대를 결정하는 데 있어 매우 중요한 근거가 되는 두 사건이 있다. 하나는 노아몬(Thebes, 애굽 제18왕조 시대의 수도)의 함락(BC 661년)이다. 다른 하나는 니느웨의 함락이다(BC 612년). 나훔의 활동 시대는 이 두 사건의 중간 시대일 것이다.

본서 3장 8-10절을 보면, 노아몬의 함락이 과거사로 기록되어 있는데 노아몬은 BC 661년에 앗수르 왕 아슐버니팔(Ashurbanipal)에게 점령되었다. 또 본서에는 니느웨가 함락되던 일을 목격자처럼 묘사하고 있는데 니느웨는 612년에 바벨론 왕 나보폴라살(Nabopolassar)이 함락시켰다. 그러므로 나훔은 661년과 612년 사이에 활동한 것으로 추정된다.

이스라엘을 멸망시킨 원수 앗수르 수도의 멸망은 전능하신 하나님의 심판으로 묘사하고 있다. 전설에 의하면 나훔은 메소포타미아에서 살다가 거기서 죽었다고 하나 본서에 의하면 그는 유대인이며 유다에서 활동한 예언자로 볼 수 있다.

## 2. 내용 구조와 장별 제목

### 1) 구조

본서의 주제는 니느웨의 함락이다. 본서는 하나님의 위엄을 찬양하는 찬미로 시작되며 하나님을 대적하는 자들에 대한 형벌과 하나님을 믿는 자들에 대한 자비와 선에 관하여 말하고 있다.

본서는 니느웨가 포위된 일과 그 함락과 함락의 이유를 말하고 있는데 유다의 숙적 앗수르에 대한 불타는 분노와 증오가 예언의 중심이 되어 있다. 다른 예언자들은 이스라엘 백성이 회개하고 하나님께로 돌아갈 것을 강조하고 있고, 거기에 그들의 관심과 임무가 있었는 데 반해 나훔은 이러한 일을 언급하지 않았다.

### 2) 장별 제목

1장 심판하시는 하나님, 2장 멸망당하는 니느웨, 3장 니느웨 멸망의 원인.

## 3. 메시지

나훔서의 핵심어는 '막강한 힘'과 '위로'이다. 인간의 눈으로 볼 때, 니느웨는 막강하고 강력한 성이었다. 이 니느웨 성은 100피트 높이의 큰 성벽(이 성벽 위로 동시에 6개의 마차가 달릴 수 있었다)과 60피트 깊이의 연못으로 둘러싸여 있었다. 아무리 인간들이 강력하게 방어해도 전능하신 하나님께서 심판하시며 원수를 보응하신다는 것이다.

"여호와는 노하기를 더디하시며, 권능이 크시며, 벌 받을 자를 결코 내버려두지 아니하시느니라"(나 1:3)

(1) 심판자 하나님이 내 편이심을 잊지 마라(1:2-9) - 엄위하신 네 하나님을 찬양하라.

(2) 하나님이 나서시면 무너지지 않을 성이 없다(2:13) - 니느웨 성도 무너진다.

(3) 하나님이 대적이 되어 일어서시게 하라(3:5) - 하나님이 하시면 능치 못할 일이 없다.

우리가 말씀을 붙들고 믿음으로 살고 기도하면 하나님이 내 원수의 대적이 되어 주신다. 하나님이 우리의 대적들을 처리하시게 하라. 이것이 믿음과 기도의 능력이다.

# 35 신앙의 부흥

## 하박국

(합 3:17–19) 암송 합 2:4

"보라 그의 마음은 교만하며 그 속에서 정직하지 못하나 의인은 그의 믿음으로 말미암아 살리라."

### 1. 서언

예언자 하박국에 대한 자료는 성경 외에는 없다. 그렇기 때문에 그의 활동 연대도 정확하게 단정하기 어렵다. 갈대아인들은 주전 625-539년 사이에 큰 세력을 가지고 있었는데 본서 1장 6절을 보면 하박국을 므낫세 왕(698-643년) 때에 활동한 예언자로 보는 학자들도 있다. 그러나 한편으로는 1장 6절을 유다 왕국에 대한 갈대아의 위협으로 해석할 때 이것은 갈그마스 전쟁을 의미하는 것이 되므로 하박국의 연대를 여호야김 왕(609-598년) 시대로 보고 있는 학자들도 많이 있다. 어떠하든 하박국이 활동한 시기는 유다 왕국의 암흑시대였음이 분명하다. 특히 유다 왕 여호야김은 폭군으로 백성들을 탄압하고 무죄한 사람들을 죽이고 자기 만족에 도취해 있던 왕이었고 그 시기는 어두운 시기였다.

## 2. 내용 구조와 장별 제목

### 1) 구조

하박국은 대담하게 하나님께 "왜 의인이 고난을 받느냐"고 질문하는 것으로 예언을 시작한다. 하나님은 그의 질문에 대답해 주셨다. 이러한 점에서 하박국은 이스라엘의 철학의 아버지라고 불리기도 한다. 그의 질문의 핵심은 "왜 하나님의 정의는 이렇게 악하고 부패한 시대와 사회와 인간들에게 시행되지 않느냐"는 것이며 "유다 왕국의 무죄한 백성들이 왜 앗수르인들과 갈대아인들에게 특히 자국의 악한 왕에게까지 심한 고난을 당해야 하는가"라는 것을 문제삼은 것이다.

이 질문에 대하여 하나님은 불의한 백성과 왕들은 반드시 벌을 주고 징계할 것이라고 대답하신다. 갈대아 사람들이 하나님의 채찍이 되어 죄를 범한 유대 민족과 왕들을 벌할 것을 가르쳐 주심에도 이스라엘의 불의를 벌하기 위하여 바벨론의 더 큰 불의를 용서하시는 것은 과연 하나님의 도리인가, 라고 질문한다. 실로 하박국은 모든 철학적 세계관과 종교적 세계관의 중심 문제를 제시하고 있다. 이에 대한 궁극적 대답이 "의인은 믿음으로 살리라"(합 2:4)는 것이다.

2) 장별 제목

1장 하박국의 질문(의인이 왜 고난 받아야 합니까?), 2장 하나님의 대답(더딜지라도 반드시 응징하리라), 3장 참 믿음(구원의 하나님으로 말미암아 기뻐한다)이다.

## 3. 메시지

"의인은 그 믿음으로 말미암아 살리라"(2:4).

하박국의 선포의 핵심은 2장 4절에 잘 나타난다. 참 믿음은 환경이나 어떤 문제가 아니라 구원으로 기뻐하는 참 신앙을 말하는 것이다.

(1) 의인이 왜 고난당하고 악인이 번성해야 합니까?(1:13).

(2) 홀연히 멸망시킬 자가 나타나리라(2:7).

(3) 오직 의인은 믿음으로 살리라(2:4).

(4) 참 믿음은 소유나 조건이 아니라 주님과 주의 구원을 기뻐하는 것이다(3:17-18).

**"나는 오직 주님으로 기뻐하며 살리라. 세상 것들에게 구원의 기쁨을 빼앗기지 않으리라."**

# 36 심판과 구원의 날

## 스바냐

(습 3:17) 암송 습 3:17

---

"너의 하나님 여호와가 너의 가운데에 계시니 그는 구원을 베푸실 전능자이시라 그가 너로 말미암아 기쁨을 이기지 못하시며 너를 잠잠히 사랑하시며 너로 말미암아 즐거이 부르며 기뻐하시리라 하리라."

### 1. 서언

본서의 1장 1절을 보면 스바냐는 어느 예언자보다도 4대로 긴 계보가 소개된다. 그는 명문가 출신이며 히스기야 왕의 현손으로 보는 것이다. 스바냐는 유다 왕 요시야 때 활동한 예언자인데(습 1:1) 요시야 왕의 부흥기 조금 전에 본서의 말씀들을 외쳤고 스바냐란 이름은 '감추다' 란 말로 "하나님이 숨겨 주는 자" 혹은 "하나님이 보호하는 자"란 뜻이다. BC 627-626년 사이, 즉 요시야가 종교개혁하기 몇 해 전에 기록한 것으로 보인다.

## 2. 내용 구조와 장별 제목

### 1) 구조

본서는 멸망으로 접근하여 가는 조국에 대한 경고로 본서의 주제는 여호와의 날이며 중심 사상은 심판이다. 스바냐는 백성들의 죄 때문에 그들의 조국에 임박한 심판을 면할 길이 없다고 내다보았다. 그리하여 그는 진노의 날을 예고한 것이다. 그러나 그는 장차 이루어질 구원도 잊지 않고 예언하고 있다.

### 2) 장별 제목

1장 여호와의 날에 벌하리라, 2장 이스라엘의 이웃 나라들이 벌을 받을 것이다, 3장 하나님은 구원을 베푸실 전능자.

## 3. 메시지

'여호와의 날'은 하나님께서 자신의 명예를 지키시고 열방과 이스라엘의 죄를 심판하시기 위해 오시는 날이다. 스바냐의 이날은 역사 속에서 기대되는 것이었으나, 하나님께서 개입하시는 이러한 역사적 행위는 또한 죄가 이 땅으로부터 제하여지는 종말론적인 심판의 그림자이기도 하다. 그리고 '하나님의 진노'에 대한 두려운 기대와 병행해서 '남은 자'를 향한 하나님의 신실하심과 자비라는 주제가 또한 지배적으로 나타나고 있다. 전능하신 하나님은 교만한 자들을 용납하지 않고 온유하고 겸손한 자들, 즉 남은 자들을 구원하시고 그들을 통해 일하시는 것이다.

끝으로 이스라엘의 하나님은 '우주적인 하나님' 이시며 모든 나라들을 다스리시며, 자신의 거룩성과 그들이 자기 백성을 어떻게 대했는지에 따라서 그들에게 심판을 내리신다.

(1) 그 날을 대비하라(1:2) - 하나님을 찾고 좇고 따르는 자가 되라(1:7).

(2) 여호와를 찾아라(2:1) - 하나님의 백성을 손대지 마라(2:10).

(3) 남은 자가 되라(3:13-17) - 이기는 자, 남은 자, 그루터기가 되라.

예수 그리스도는 이기는 자에게 상을 주시고 기둥으로 삼으신다. 그리스도 자신이 세상과 자신과 마귀를 이기고 승리하셨다. 이기는 자, 남은 자에게 그리스도와 함께 영광이 있다. 불신자와 배도자들이 심판받을 때 그때가 남은 자에게는 영광의 날이 되는 것이다(3:19-20).

# 37 성전 건축 독려

## 학개

(학 1:1-9) 암송 학 1:8

"너희는 산에 올라가서 나무를 가져다가 성전을 건축하라 그리하면 내가 그것으로 말미암아 기뻐하고 또 영광을 얻으리라 여호와가 말하였느니라."

### 1. 서언

페르시아의 고레스 왕이 주전 539년에 바벨론을 정복하여 페르시아 제국으로 통합하고, 정복한 모든 민족에게는 회유정책을 썼다. 그리하여 그들의 고유의 종교를 믿는 것과 고국에 돌아가는 것을 허락하였다. 이 정책은 곧 이스라엘 민족에게도 큰 변화를 가져왔다. 그리하여 바벨론에 포로로 잡혀 갔던 자들이 큰 희망을 안고 돌아왔다. 그러나 어려움이 많았다. 15년간이나 성전 재건에 힘썼으나 결과는 실망스러웠다. 바로 이러한 때에, 즉 다리오 왕 제2년(520년)에 두 위대한 예언자가 나타났으니 바로 학개와 스가랴이다.

에스라서에 의하면(스 5:1, 6:14) 이 두 예언자의 활동의 결과로 유대인들은 성전을 재건하고 번영하였다. 학개에 대해서는 더 자세히 알 길이 없다. 짐작건대 포로 시기에 바벨론에서 출생하여 살다가 팔레스타인으로 귀환한 사람인 것 같다. 만일 이 가정이 옳다면 그는 바벨론에 있을 때 다니엘과 아는 사이였을 것이다.

## 2. 내용 구조와 장별 제목

### 1) 구조

본서 메시지의 중심은 성전 재건이다. 학개는 백성들에게 성전을 수리할 것을 권고하면서 그 재건이 완성되는 날 메시야 시대가 온다고 주장하였다. 그러기 때문에 다른 예언자들에게 공통적으로 나타나 있는 점들, 즉 불의와 죄에 대한 공격이나 꾸중 또는 도덕적 · 종교적 생활의 충성에 대한 교훈 또 의로운 사회생활에 관한 명령 등이 본서에는 없다. 학개는 오직 성전 건축을 위해서만 책망하고(1:1-11) 격려도 한다(2:1-9).

본서에 영적 메시지가 약한 것을 혹평하는 학자도 있지만 경제적으로 궁핍하고 정치적으로 미약한 백성들을 격려하여 성전을 재건하고 그런 후에 백성을 영적으로 부흥시키고 민족적 단결과 결속을 꾀하며 선민의 긍지를 가지고 살게 하려고 한 본서의 내용은 매우 귀중한 것이라고 할 수 있다. 본서는 하나님만이 유일한 희망이요 힘의 원천임을 밝히며, 그 하나님을 향한 신앙의 초점을 성전 건축에 둔 것이다.

### 2) 장별 제목

1장 하나님께서 성전 건축을 명하시다, 2장 성전의 나중 영광이 이전 영광보다 크리라.

## 3. 메시지

학개서는 주전 520년 8월부터 12월까지 받은 메시지를 기록하고 있다. 예루살렘 성전 재건 작업이 중단되자, 학개는(스가랴와 함께, 스 5:1) 백성들을 각성시켜 재건 작업에 박차를 가하게끔 하였다. 학개서의 중심 메시지는 "성전 건축 중단에 대한 책망과 위로"이다.

(1) 복을 못 받는 이유를 알라(1:2-6).

(2) 성전을 건축하라(1:7-11).

(3) 복을 받고 영광이 크리라(2:18-23).

# 38 미래의 예언

## 스가랴

(슥 4:1-14) 암송 슥 4:6

"그가 내게 대답하여 이르되 여호와께서 스룹바벨에게 하신 말씀이 이러하니라 만군의 여호와께서 말씀하시되 이는 힘으로 되지 아니하며 능력으로 되지 아니하고 오직 나의 영으로 되느니라."

### 1. 서언

1장 1절을 보면 스가랴는 잇도의 손자요 베레갸의 아들이다. 이 잇도는 바벨론으로부터 팔레스타인으로 돌아온 레위인 잇도(느 12:4)일 것이다. 그렇다면 본서의 스가랴는 느헤미야 12장 16절에 기록되어 있는 잇도 족속의 제사장 스가랴와 동일인이다. 스가랴는 학개보다 두 달 후에 말씀을 전하기 시작하였고, 다리오 제4년(516년)까지 일한 예언자이다. 스가랴의 명칭은 "여호와의 기억함" 이란 뜻이며 대개 다리오 왕 때의 예언이므로 BC 520-518년경의 예언으로 추정되고 있다.

본서는 이스라엘의 영적 혼돈과 분열을 막으려면 반드시 성전 재건이 이루어져야 한다는 것이며, 성전만 재건되면 영적 부흥이 다시 오리라는 것을 강조하고 있다.

## 2. 내용 구조와 장별 제목

### 1) 구조

본서는 간결한 회화체 산문과 시적인 표현을 많이 사용하였다. 고상하고 품위있는 표현이 많다. 1-8장은 성전 건축 중에, 9-14장은 성전 건축 후에 쓰여졌다. 8가지 환상과 4편의 설교 그리고 2가지 경고로 되어 있다.

### 2) 장별 제목

1장 회개 촉구와 두 환상, 2장 측량줄을 잡은 자 예루살렘, 3장 여호수아에게 아름다운 옷을 입히시다, 4장 순금 등잔대와 두 감람나무, 5장 날아가는 두루마리와 두 여인들의 환상, 6장 네 병거의 환상과 면류관을 쓴 여호수아, 7장 금식 교훈, 8장 너희는 두려워하지 마라, 9장 이스라엘과 약속, 10장 이스라엘을 도우시다, 11장 참 목자와 거짓 목자, 12장 예루살렘을 치는 나라들의 멸망, 13장 연단하고 시험하시는 하나님, 14장 예루살렘의 메시야 통치.

## 3. 메시지

성전 재건을 위해 무엇이 필요한가? 바로 '신앙 재건' 이다. 결국 신앙 재건과 관련된 메시지가 스가랴서의 중심 메시지이다.

(1) 참된 예배 회복을 위해 성전을 재건하라(1:12-17) - 예배란 '하나님의 은혜에 대한 감격의 표현' 이다. 아무리 건망증이 심해도 하나님의 은혜만은 잊어버리지 말자. "이제까지 하나님이 도우셨다!"는 '에벤에셀의 하나님' 에 대한 감사와 감격이 있어야 "앞으로의 필요를 준비해 주신다!"는 '여호와 이레의 하나님' 의 은혜가 준비된다.

(2) 하나님의 손을 견고히 잡고 하나님의 약속을 신뢰하라(8:9-13) - 왜 많은 사람이 축복을 얻지 못하는가? "주를 위해 살겠다!"는 고백은 있지만 "주를 위해 죽겠다!"는 고백은 없기 때문이다. 죽는 길이 사는 길이다. 성령으로 능치 못할 일이 없다(슥 4:6).

(3) 거룩한 소망을 가지고 성결하라(14:12-20) - 많은 예언과 환상들은 궁극적으로 거룩한 소망을 잃지 말라는 강력한 메시지를 준다. 성도에게는 찬란한 미래가 약속되어 있다. 성경은 어디에도 진실한 성도에게 상황이 절망적이라고 말하지 않는다. 진실한 성도의 미래는 항상 희망적이다. 하나님이 그의 미래를 책임지시기 때문이다.

# 39 신앙에 대한 경고

## 말라기

(말 3:7-15) 암송 말 3:8

"사람이 어찌 하나님의 것을 도둑질하겠느냐 그러나 너희는 나의 것을 도둑질하고도 말하기를 우리가 어떻게 주의 것을 도둑질하였나이까 하는도다 이는 곧 십일조와 봉헌물이라."

### 1. 서언

말라기는 유대 전승에 의하면 천사라고 하는데 그것은 말라기가 천사란 뜻의 '말라키' 에서 유래되고 있기 때문이다. 그러나 전통적 견해는 1장 1절과 같이 선지자 말라기로 보는 것이 전통적 견해라 볼 수 있다. 그의 활동 시기에 대해서 추정해 볼 수 있는 것은 말라기 1장 7-10절, 3장 8절 등을 보아 성전이 완성되고 제물을 드리던 때가 분명하며 페르시아의 총독이 예루살렘에서 통치할 때로 추정할 수 있다.

말라기는 주전 450-400년 사이에 활동한 예언자라고 보며 '말라기' 란 이름이 '나의 사자, 나의 천사' 라는 뜻인데 이런 점에서 말라기를 고유 명사로 보지 않고 한 익명으로 보는 학자들도 있다.

## 2. 내용 구조와 장별 제목

### 1) 구조

성전이 완성되었으므로 성전 재건을 힘쓰던 때에 보인 열심은 사라지고 종교적인 나태와 형식주의와 부패가 일어났다. 제사장들도 긴장이 풀리고 게을러졌으며 백성들은 제물에 대하여 불성실하고 십일조를 게을리하고 이혼이 성행하여 잡혼이 많았다. 그리하여 말라기는 1-2장에서는 이스라엘의 죄와 배교를 꾸짖었으며, 3-4장에서는 죄인에게 내릴 심판과 회개하는 자들을 위하여 보존되어 있는 축복을 가르치고 있다. 즉 마땅히 돌려야 할 영광을 하나님께 돌리지 않는 일, 제사장들이 책임을 이행하지 않고, 백성을 잘못 지도하여 백성을 타락하게 한 것, 백성들은 못된 지도자들을 닮아 이혼과 불신앙의 죄를 범하는 사실을 지적하였다.

동시에 말라기는 하나님께서는 그럼에도 불구하고 그의 사자를 보내어 오실 메시야의 길을 예비할 것이라고 말하고 있다. 그러나 "메시야가 오시는 날에 누가 그의 앞에 설 것인가"라고 한탄하며 (3:1-6), "그 앞에 서기를 원한다면 율법을 지켜야 한다"고 가르쳤다 (말 3:7-12). 주께서 오시면 의로운 자와 불의한 자를 심판하실 것을 강조하였다(3:13-4:3).

### 2) 장별 제목

1장 하나님의 사랑과 책망, 2장 제사장들의 타락과 잡혼에 대한 책망, 3장 십일조에 대한 책망과 메시야의 도래, 4장 이스라엘을 향한 권면과 경고.

## 3. 메시지

백성과 제사장들이 그들에게 축복이 없는 것은 하나님의 관심이 없어서가 아니라 언약의 율법에 대한 불순종과 타협 때문이라는 사실을 깨달아 알아야 한다. 그들이 죄를 회개하고 근실한 마음을 가지고 하나님께로 돌아올 때 하나님의 축복을 막는 장애물은 제거될 것이다. 또한 말라기는 하나님께서 의인과 악인을 심판하실 결산의 날이 반드시 올 것임을 일깨워 주고 있다.

(1) 회개하라 - 사랑의 거절(1:1-5), 제사장의 죄(1:6-12), 백성의 죄(2:10-3:15).

(2) 상을 받는 자가 되라 - 십일조(3:10-12), 의(3:16), 불의 심판(4:1), 의인 축복(4:2).

(3) 여호와의 날을 예비하라(4:5) - 민족복음화, 세계복음화.

성경 전권 메시지

# 제2부 신약

# 40 왕이신 그리스도

## 마태복음

(마 16:13–20) 암송 16:16

---

"시몬 베드로가 대답하여 이르되 주는 그리스도시요 살아 계신 하나님의 아들이시니이다."

### 1. 서언

신약성경 맨앞에 나오는 마태복음은 무엇을 기록했는가? 물론 복음서는 모두 다 예수 그리스도의 생애와 교훈에 대한 기록이다. 그러나 마태복음에서 강조한 것은 무엇인가?

마태는 원래 로마 정부의 세리였다. 그런데 예수님의 제자 중에는 그와 적대관계에 있던 열심당 시몬도 있었다. 그러나 이제 그리스도 안에서 하나님나라의 일꾼으로 그들은 하나가 될 수 있었다. 마태복음은 초대교인들이 첫 번째 흩어진 이후 AD 50-70년 사이에 기록된 것으로 보며 수리아와 팔레스타인의 유대인과 이방인 성도들에게 전하려는 내용으로 볼 수 있다.

## 2. 내용 구조와 장별 제목

### 1) 구조

크게 두 부문으로 나눌 수 있는데 1장부터 16장 20절까지는 예수님이 누구신가에 대해 말하고 있으며, 16장 21절부터 끝까지는 예수님이 하나님으로, 그리스도로, 주님으로서 무엇을 하셨는가를 기록하고 있다.

1-2장은 예수님의 어린 시절, 3-18장은 갈릴리 활동, 19-25장은 유대와 예루살렘에서의 활동, 26-28장은 수난과 부활에 대해 말하며, 결론은 28장 18-20절 말씀이다.

### 2) 장별 제목

1장 탄생과 족보, 2장 동방박사의 경배, 3장 세례, 4장 광야시험, 5장 팔복, 6장 주기도, 7장 황금률, 8장 칭찬하신 믿음, 9장 죽은 자를 살림, 10장 12제자 파송, 11장 초청, 12장 안식일의 주인, 13장 비유, 14장 오병이어의 기적, 15장 바리새인의 도전, 16장 신앙고백, 17장 변화산 체험, 18장 어린이와 천국, 19장 이혼과 영생, 20장 포도원 비유, 21장 종려주일, 22장 결혼잔치 비유, 23장 화를 선포하심, 24장 종말 예언, 25장 종말 비유, 26장 최후의 만찬, 27장 수난과 십자가, 28장 부활과 대명령.

## 3. 메시지

"아브라함과 다윗의 자손 예수 그리스도의 계보라"(마 1:1) - 유대인의 왕을 말하려 하니 족보가 필요했던 것이다. 메시야는 아브라함의 후손이며 다윗에게 예표된 모습으로 오시는 것을 유대인들은 믿고 있었다. 아브라함은 믿음의 조상, 열국의 아비, 축복의 근원이었다. 다윗은 메시야의 예표이고 다윗 왕국은 메시야 왕국의 예표이며 다윗은 하나님의 마음에 합한 자로서 하나님의 뜻을 이루었다.

마태복음이 우리에게 주는 메시지는 무엇인가?

(1) 예수가 유대인의 왕으로, 메시야로 오셨다는 것을 선포한다(1:1 16:16-20).

(2) 유대인의 왕으로서 하나님 나라를 선포한다(12:28, 19:28, 4:17).

(3) 세계 복음화를 위한 지상명령을 선포한다(28:18-20).

비전 : 영혼 구원, 세계 복음화, 제자 사역.

축복 : 세상 끝날까지 함께하심 / 세계 정복 / 이사야 60장의 언약 성취.

방법 : 제자 사역 - 기존 성도 - 너희 / 현장 - 가서 / 제자 - 훈련 / 말씀 - 세례 / 파송 - 지키게.

## 4. 결언

소망하던 메시야(1:1)는 예수 그리스도(16:16)이시고, 제자 되어 세계복음화의 동일한 비전에 참여해야 한다(28:16-20).

# 41 종이신 그리스도

## 마가복음

(막 10:45) 암송 막 10:45

"인자가 온 것은 섬김을 받으려 함이 아니라 도리어 섬기려 하고 자기 목숨을 많은 사람의 대속물로 주려 함이니라."

### 1. 서언

마가복음에서 말하고자 하는 것은 무엇인가? 물론 마가복음도 정복자이신 예수 그리스도를 말하고 있다. 그러나 더 강조한 것은 1장 1절에서도 설명하듯이 고난의 종에 더 강조점을 두고 있다고 볼 수 있다. 일명 '송아지 복음'(계 4:7)이라고 하는 마가복음은 소처럼 고난 받으러 오신 고난의 종 그리스도를 말하고 있다.

마가복음에는 저자가 마가란 내용이 한 번도 나타나지 않는다. 마가복음은 주후 64-68년 사이 네로 황제의 박해가 아주 심했을 때 베드로와 가장 가까이 있었던 마가에 의해 기록되었다고 전하는 초대교회 전승과 외경에 의해 모두 믿게 되었다. 마가 요한은 12제자

안에 들지 않지만 주님의 마지막 사역기간에 주님을 만났고 후에 바울의 제1차 전도여행에 동행하며 통역한 것으로 이해되고 있다. 최후의 만찬과 성령강림의 장소도 마가 요한의 다락방이었다. 수신자는 로마교회와 이방인을 대상으로 하였음을 볼 수 있다.

## 2. 내용 구조와 장별 제목

### 1) 구조

1절에 "하나님의 아들 예수 그리스도의 복음의 시작"이란 말씀 속에 깊은 의미가 함축되어 있다. 이 주제에 따라 인자 되신 그리스도로서의 인격과 사역을 역사적 순서에 따라 기술하고 있다. 특히 마지막 한 주간을 자세히 묘사하고 있다.

8장 30절까지는 섬기러 오신 그리스도를, 8장 31절부터는 자신의 목숨을 주신 그리스도를 이야기하고 있다.

### 2) 장별 제목

1장 사역의 준비와 초기, 2장 중풍병자 고침, 3장 안식일과 12제자, 4장 비유, 5장 축사와 죽은 자를 살림, 6장 오병이어, 7장 정결 논쟁, 8장 신앙고백, 9장 변형, 10장 이혼과 섬김의 교훈, 11장 성전 청결, 12장 포도원 비유, 13장 최후의 날 예언, 14장 최후의 만찬, 15장 빌라도의 판결과 죽음, 16장 부활과 승천.

## 3. 메시지

마가복음은 마가 요한이 직접 목격한 예수 그리스도의 행적을 통하여 하나님이 이 땅에 오셔서 행하신 놀라운 일들을 인류에 알리기 위해 기록되었다고 볼 수 있다.

(1) 문서로 기록하여 예수가 그리스도이심을 알리려는 목적이 있다.

(2) 순교해야 할 정도로 인자는 우리를 위해 먼저 고난 받으신 종이란 것을 말하고 있다. 네로의 핍박 중에 확실한 신앙 고취를 위해 기록된 것으로 보인다(10:45).

(3) 세계 복음화를 위한 복음 증거에 목적이 있다.

이방인 특히 로마인들에게 복음을 전하여 하나님이 이 땅에 인간을 구원하러 오시되 인자가 되어 고난을 받아 피 흘려 죽으신 것을 정확하게 알리고 싶은 열정에서 기록한 것이다. 복음이란 단어를 여덟 번 사용하고 있는데 1장 14절에서 '하나님의 복음을 소개하는 예수' 라고 말하고 있다.

## 4. 결언

예수님이 인자로서 고난의 종이 된 것을 기록하면서 행동에 강조를 두었으며, 하나님의 권능을 가진 분이심을 말하고 있다. 로마인과 이방인의 구원을 생각하며 기록했다.

# 42 인자로 오신 그리스도

## 누가복음

(눅 19:10) 암송 눅 19:10

"인자가 온 것은 잃어버린 자를 찾아 구원하려 함이니라."

### 1. 서언

누가복음에는 예수님의 인간적인 모습이 잘 묘사되어 있다. 가난하고 약한 자에 대한 복음이 잘 나타나 있어서 '사회복음' 이라고까지 말하는 사람이 있다. 사도 바울은 '사랑하는 의사 누가' 라고 골로새서 4장 14절에 소개하고 있다. 마태복음의 관심이 천국이라면 누가복음은 인자이다. 누가복음에는 다른 복음서에 기록되지 않고 있는 12개의 비유들이 나타나 있다.

저자 누가는 총명하다. "빛을 주다"란 뜻으로 사도행전의 저자이기도 하다. 바울은 세계 선교여행에서 바울과 동행자였고 원래 직업은 의사였다.

누가복음의 저작 시기는 대개 주후 61-63년 사이로 잡고 있는데 주후 85년으로 주장하는 사람들도 있다. 본서는 수신자가 데오빌로 각하로 되어 있다. 이 이름은 당시에 가장 많은 보편적인 이름이다. 그래서 상징적인 한 인물로 수신인을 정한 것이지만 사실은 어떤 대상이나 모든 사람에게 한 것으로도 볼 수 있다. 그러나 휀센은 도미시안 황제의 조카인 클레멘스라고 주장한다. '각하' 란 칭호를 쓰고 있으므로 개인으로 보아야 한다는 견해이다.

## 2. 내용 구조와 장별 제목

### 1) 구조

누가복음은 연대기적으로 나누는 방법과 지리적으로 나누는 방법이 있다. 연대기는 천사의 고지 잉태로부터 부활 승천까지를 말하고, 지리적으로는 갈릴리 예루살렘 그리고 사도행전에서 로마까지 복음이 도착하는 것을 보여 주고 있다. 스트리트는 누가복음은 예루살렘으로 가는 길, 사도행전은 로마로 가는 길이라고 말했다.

### 2) 장별 제목

1장 세례 요한 출생, 2장 예수의 탄생, 3장 족보, 4장 시험, 5장 중풍병자 고침, 6장 12제자, 7장 독자 살림, 8장 병과 풍랑 치유, 9장 변형과 고백, 10장 선한 사마리아인, 11장 주기도, 12장 어리석은 부자, 13장 무화과나무, 14장 겸손, 15장 잃은 것에 대한 비유, 16장 나사로 비유, 17장 인자의 재림, 18장 과부와 재판관, 19장 삭개오, 20장 대접 안 한 농부, 21장 종말 예언, 22장 최후 만찬, 23장 십자가, 24장 부활 승천.

### 3. 메시지

(1) 신앙 지식의 확신을 가지라는 것이다(1:4 "확실하게 하려 함이로라").

(2) 예수님의 전기를 써서 확실하게 예수님을 후대에 전하기 위한 것이다.

(3) 예수님의 인성을 확실하게 밝히는 것이다. 예수님은 완전한 인간이었다는 것을 정확하게 밝히는 것이 중요하다. 예수님의 족보, 출생, 감정, 고통, 초라함, 죽으심, 비참함까지 기록하였다. 예수님은 하나님의 아들일 뿐 아니라 분명히 사람의 아들이란 것이다.

(4) 이방인 선교를 위한 것이다. 마태복음이 유대인을 위한 것이라면 누가복음은 이방인을 위한 것이다.

### 4. 결언

누가는 바울과 함께 선교에 동참하면서 온갖 고난을 겪었다. 기독교 신앙이 로마에 해가 되지 않으며 이방인들이 바른 믿음으로 구원 얻기를 소망한 것이다.

# 43 하나님의 아들 예수

## 요한복음

(요 20:31–32) 암송 요 3:16

"하나님이 세상을 이처럼 사랑하사 독생자를 주셨으니 이는 그를 믿는 자마다 멸망하지 않고 영생을 얻게 하려 하심이라."

### 1. 서언

요한복음은 저자가 누구인가? 물론 사도 요한이다. 요한복음 20장 20-24절에서 "예수의 사랑하시는 제자"란 표현을 통한 내적 증거를 가지고 있다. 사도 야고보의 동생이며 세베대와 살로메 간에 태어났음을 마가복음 1장 19절에서 말하고 있다.

베드로와 그 자신의 형 야고보와 함께 언제나 예수님 곁에 있었던 자이며, 그는 주님의 죽으심을 직접 목격한 것을 기록했다 (19:26).

그는 노년을 에베소에서 예수님의 어머니 마리아를 모시고 지내다가 도미시안 황제의 박해 시에 밧모 섬으로 유배되어 그곳에서 요한계시록을 기록하였다. 요한복음은 85-90년경 에베소에서 기록되었으며, 수신인은 당시 에베소를 비롯한 초대 아시아 지역을 비롯한 모든 그리스도인을 위한 것이라고 볼 수 있다.

## 2. 내용 구조와 장별 제목

### 1) 구조

"오직 이것을 기록함은 너희로 예수께서 하나님의 아들 그리스도이심을 믿게 하려 함이요 또 너희로 믿고 그 이름을 힘입어 생명을 얻게 하려 함이니라"(20:31).

정확하게 예수님을 믿고 생명을 얻게 함이라고 기록하고 있다. 이 요한복음을 일명 '독수리 복음' 이라고 말하는 것은 독수리 같은 예리한 통찰력을 단적으로 표현하고 있기 때문이다.

요한복음은 두 부문으로 나누어진다. 1장부터 12장 36절까지는 예수님의 공적인 사역의 3년으로, 주로 표적을 행하시는 내용이다. 12장 36절 하반절부터 21장까지는 사적인 사역으로, 주님 자신이 그리스도이며 하나님이심을 공개적으로 나타내시는 사역이다.

### 2) 장별 제목

1장 성육신하신 하나님, 2장 첫 번째 표적, 3장 거듭남의 진리, 4장 수가성 여인, 5장 베데스다의 기적, 6장 생명의 떡, 7장 생수의 강(초막절), 8장 자유케 하는 진리, 9장 실로암의 치유, 10장 선한 목자와 양, 11장 죽은 나사로를 살리심, 12장 옥합 사건과 입성, 13장 제자들의 세족, 14장 천국과 성령의 약속, 15장 포도나무 비유, 16

장 성령의 책망, 17장 중보기도, 18장 체포당하심, 19장 십자가에 죽으심, 20장 부활하신 그리스도, 21장 사역 위임.

## 3. 메시지

(1) 예수 그리스도는 하나님의 아들이며 동시에 인류를 구원할 메시야란 사실을 말하고 있다.

(2) 예수 그리스도는 완전한 사람이며 하나님이심을 증거한다.

(3) 성전의 주인이시며 물로 포도주를 만드시는 전지전능의 하나님이심을 말한다.

(4) 인류를 구원할 하나님의 어린양으로서 구세주이심을 증거한다(3-12장).

(5) 자신의 생명을 바쳐 인류를 사랑하며 구원하시는 구주이심을 증거한다(13-19장).

(6) 그리스도는 부활하신 하나님으로 제자들에게 양을 위임하셨다(20-21장).

# 44 초대교회의 복음 전파

## 사도행전

(행 1:1-10) 암송 행 1:8

---

"오직 성령이 너희에게 임하시면 너희가 권능을 받고 예루살렘과 온 유대와 사마리아와 땅 끝까지 이르러 내 증인이 되리라 하시니라."

### 1. 서언

사도행전은 신약성경의 유일한 역사서이다. 사도들과 초대교회 성도들의 인간적 삶을 기록한 것이 아님을 유의해야 하는데, 그 이유는 승천하신 그리스도께서 약속하신 성령 하나님이 주의 구원의 역사를 이 세상에 이루어 가시는 모습을 담은 것이기 때문이다.

사도행전은 누가복음의 저자가 데오빌로 각하에게 보낸 것으로, 그리스도께서 떠나신 뒤에도 계속해서 성령을 통해 더 크게 일하고 계시는 것을 알리고 있다. 기록 시기는 기원후 63-64년경 일반적으로 로마에서 기록된 것으로 알려져 있다.

## 2. 내용 구조와 장별 제목

### 1) 구조

크게 두 부문으로 나눌 수 있는데, 1장부터 12장까지는 베드로와 예루살렘을 중심으로 한 사건들이며, 13장부터 28장까지는 바울과 안디옥으로부터 로마까지 열방을 중심으로 한 내용들로 나눌 수 있다.

### 2) 장별 제목

1장 승천과 약속, 2장 성령 강림과 교회 탄생, 3장 앉은뱅이를 고침, 4장 제자들의 투옥과 풀림, 5장 아나니아와 삽비라, 6장 일곱 집사, 7장 스데반의 순교, 8장 빌립 집사, 9장 사울이 바울로, 10장 고넬료 집안의 구원, 11장 안디옥 교회, 12장 베드로의 구출, 13장 1차 세계 전도여행 출발, 14장 소아시아 지역 전도, 15장 1차 세계 교회 총회, 16장 2차 빌립보 전도, 17장 2차 베뢰아 에덴 전도, 18장 2차 에베소 고린도 교회, 19장 3차 에베소 전도, 20장 3차 마게도냐 전도, 21장 바울의 체포, 22장 바울의 변론, 23장 예루살렘 공회 앞에 선 바울, 24장 가이사랴 베릭스와 바울, 25장 황제에게 상소하는 바울, 26장 아그립바 왕 앞에서의 바울, 27장 로마로 항해 압송, 28장 로마에서의 사역.

## 3. 메시지

(1) 그리스도께서는 성령의 사역을 통해 교회의 발전과 구원의

역사를 이루신다. - 현존

(2) 유대인들에게는 기다리던 메시야가 그리스도란 사실을 알리는 것이다.

(3) 핍박하는 로마에 기독교는 해로운 종교가 아니라는 사실을 알리는 것이다.

(4) 헬라의 신비적이고 다신론적인 신앙에 대해 유일신 하나님을 선포한다.

(5) 복음 전파를 통해 세계에 구원을 선포하고 있는 것이다.

## 4. 결언

사도행전의 주제는 "성령께서는 교회를 통하여 세계를 복음화시키신다"라는 것이다. 그리스도는 지금도 성령과 함께 인류의 구원을 위해 부단히 일하시는 모습을 우리에게 보여 주고 있다. 그리고 복음 들고 나가는 자는 세계를 가지며 주님은 성령과 함께 그런 자들과 함께 일하시는 것을 가르치고 있다.

# 45 죄인들을 위한 하나님의 구원

## 로마서

(롬 1:17–18) 암송 롬 12:1

"그러므로 형제들아 내가 하나님의 모든 자비하심으로 너희를 권하노니 너희 몸을 하나님이 기뻐하시는 거룩한 산 제물로 드리라 이는 너희가 드릴 영적 예배니라."

### 1. 서언

본문은 요한 웨슬레나 어거스틴을 회심시킨 말씀으로 알려져 있다. 이것은 바울이나 칼빈의 개혁신앙의 주축이 되는 '이신득의' 의 근간이다.

신약성경은 총 27권으로 이루어져 있다. 그중에 14권은 바울 사도가 저자인 것으로 알려져 있다(저자 미상의 히브리서 포함). 이 14권은 교리서, 목회서, 옥중서신으로 나누어지는데 옥중서신은 에베소서, 빌립보서, 골로새서, 빌레몬서이며, 교리서는 로마서, 고린도전 · 후서, 갈라디아서(4권), 목회서신은 데살로니가전 · 후서, 디모데전 · 후서, 디도서(5권)이다. 본서의 저작 시기는 사도 바울의 3차 전도여행이 끝날 무렵인 AD 57년경에 고린도에서 3개월 머무는 동안에 쓴 것으로 추정하고 있다.

본서는 편지라기보다는 일종의 논문이라고 볼 수 있다. 교리적인 면을 체계적으로 다루고 있는 것이 특징이다.

## 2. 내용 구조와 장별 제목

### 1) 구조

본서는 11장까지는 교리를, 12장부터는 실천을 다루고 있다. 저자인 바울은 헬라식 이름으로 '작다' 는 뜻이다. 바울은 길리기아 다소 출신으로 가말리엘 문하에서 공부했으며 본서가 그의 마지막 유언과 같은 내용이며 로마 교회나 세계 교회에 물려준 영적유산이다.

### 2) 장별 제목

1장 구원의 길, 2장 유대인의 죄와 심판 원리, 3장 이신득의, 4장 칭의, 5장 칭의의 결과, 6장 죄에서 떠나라, 7장 죄와 율법, 8장 성령 안의 복, 9장 유대인의 구원, 10장 이스라엘의 불순종, 11장 이스라엘의 궁극적 구원, 12장 산 제사, 13장 사회적 윤리, 14장 교회 생활, 15장 구원받은 이방인, 16장 인사.

## 3. 메시지

(1) 죄인의 구원은 이신득의로 오는 것이다(롬 1:17-18).

(2) 믿음은 하나님의 선물(엡 2:8)인 예수 안에 있는 구속으로, 은혜로 주신 것이다.

(3) 우리의 믿음은 교리적으로 정리되고 실천될 수 있는 믿음이어야 한다(죄인의 심판 - 은혜로 믿음 - 이신득의 - 성화 - 영화 - 실천적 삶).

(4) 의롭다 하는 구원받은 자들은 하나님과 이웃에 대해 헌신하며 살아야 한다.

(5) 어떤 어려운 일이 오더라도 순교적 정신으로 이기는 승리의 믿음을 가져라.

## 4. 결언

로마서를 쓰게 된 일차적인 목적은 로마교회로 하여금 자신의 방문을 미리 알리고 준비하게 하려는 데 있었다고 볼 수 있다. 바울은 지난 20여 년 간 자신의 사역을 설명함으로써 복음을 이해시키고 더 나아가 사역에 동참토록 하기 위해 쓴 것이다. 바울은 미리 로마에서 어쩌면 마지막이 될 순교를 각오하면서도 로마를 지나 스페인 지역까지 가기를 원했으며, 만약에 자신이 순교하더라도 로마제국의 복음화를 위해 본 서신을 기록했다고 볼 수 있다.

이런 의미에서 로마서는 바울의 유언장과 같은 내용이며, 어떤 핍박과 환난이 오더라도 굳게 믿음을 지킬 것을 말하고 있다.

# 46 고린도 교회의 문제들

## 고린도전서

(고전 15:57–58) 암송 고전 1:10

"형제들아 내가 우리 주 예수 그리스도의 이름으로 너희를 권하노니 모두가 같은 말을 하고 너희 가운데 분쟁이 없이 같은 마음과 같은 뜻으로 온전히 합하라."

### 1. 서언

고린도 교회는 많은 문제를 가지고 있었다. 이 지상에 완전한 교회는 없다. 이것을 보여주는 교회가 고린도 교회이다.

"이 외의 일은 고사하고 아직도 날마다 내 속에 눌리는 일이 있으니 곧 모든 교회를 위하여 염려하는 것이라"(고후 11:28).

이런 교회의 문제들을 해결하기 위해 쓰여진 것이다.

갈라디아서와 로마서는 칭의와 이신득의에 대한 구원론을 다루고 있다면 고린도전서는 성화론을 다룬다고 볼 수 있다. 윤리적이며 실제적인 말씀이다. 고린도는 해변을 끼고 있는 무역도시이며 번영한 도시였다. 그래서 고린도는 남자들이 갈 곳이 못 된다는 말이 있다. 크리소스톰은 “일찍이 볼 수 없었던 가장 방탕스러운 도시”라고 불렀다. 이 도시에 바울은 2차 여행 때에 들러 1년 6개월 동안 머물면서 관심과 정성을 기울여 교회를 세웠다(행 18:1-18).

## 2. 내용 구조와 장별 제목

### 1) 구조

1장부터 5장은 분열과 타락으로 인한 회중의 문제, 7장부터 10장은 개인의 문제들, 11-14장은 예배와 봉사의 문제들, 15장은 부활에 대한 내용이 기록되어 있다. 기록 시기와 장소는 사도 바울이 55년경에 에베소에서 기록한 것으로 보고 있다. 1장 11절, 7장 1절, 16장 17절에 나타나듯이 보고를 듣고 그 보고에 대한 답을 주고 있는 것이다.

### 2) 장별 제목

1장 분쟁과 지혜, 2장 하나님의 지혜, 3장 하나님의 성전, 4장 분쟁에 대한 권면, 5장 음행문제, 6장 소송문제, 7장 혼인문제, 8장 우상의 제물, 9장 자유와 권리, 10장 방종과 우상숭배에 대한 경고, 11장 성찬과 예배, 12장 은사, 13장 사랑, 14장 교회의 덕, 15장 부활, 16장 헌신과 헌금.

## 3. 메시지

고린도전서의 중심 주제는 타락한 시대에 어떻게 성도가 성도답게 성화되어가야 하는가이다. 그것은 세상이 아무리 풍요롭고 도덕적으로 타락한 문화가 지배하게 되더라도 성도는 그 문화를 정복하는 정복자여야 한다는 것이다.

(1) 교회뿐만 아니라 성도의 몸도 성전이다.

(2) 그러므로 성적 문제, 소송 문제, 혼인 문제, 우상 문제 등에서 성화의 삶을 살아야 한다.

(3) 그리고 더 적극적으로 승리하는 것은 은사를 받아 충성하는 것이다.

(4) 믿음의 온전함은 사랑을 이루는 것이다.

(5) 부활하신 그리스도와 영원한 삶을 누릴 것을 사모하며 승리해야 한다.

## 4. 결언

"형제들아 내가 우리 주 예수 그리스도의 이름으로 너희를 권하노니 모두가 같은 말을 하고 너희 가운데 분쟁이 없이 같은 마음과 같은 뜻으로 온전히 합하라"(1:10).

"우리 주 예수 그리스도로 말미암아 우리에게 승리를 주시는 하나님께 감사하노니"(15:57).

"그러므로 내 사랑하는 형제들아 신실하며 흔들리지 말고 항상 주의 일에 더욱 힘쓰는 자들이 되라 이는 너희 수고가 주 안에서 헛되지 않은 줄 앎이라"(15:58).

# 47 화목하게 하는 직책

## 고린도후서

(고후 9:6–8) 암송 고후 9:15

"말할 수 없는 그의 은사로 말미암아 하나님께 감사하노라."

### 1. 서언

고린도 교회는 많은 문제를 가지고 있었다. 이 지상에 완전한 교회는 없다. 이것을 보여주는 교회가 고린도 교회이다.

"이 외의 일은 고사하고 아직도 날마다 내 속에 눌리는 일이 있으니 곧 모든 교회를 위하여 염려하는 것이라"(11:28).

이런 교회의 문제들을 해결하기 위해 쓰여진 것이 고린도전서이다. 그러나 편지로 해결되지 않아 디모데를 파송했는데 효과가 없어서(고전 16:10-11) 바울이 고린도 교회를 직접 방문한다(2:2, 12:4).

그후 마게도냐로 갔다가 다시 돌아오려는 사이에 자신과 복음을 대적하는 유대주의자가 나타난 것이다(2:5-6:9, 7:12). 이때 교인들의 상당수가 바울을 대적함에 따라(12:11) 에베소로 돌아오게 된다. 그리고 교회의 회복을 위해 눈물의 편지를 디도를 통해 보내게 된다. 준엄한 편지를 눈물로 써서 보낸다(2:3-4). 바울은 궁금하던 차에 빌립보로 가서 디도를 만나 고무적인 보고를 받게 된다. 유대주의자들의 복음과 자신의 사도직의 권위 훼손을 척결하여 교회를 바로 세우려는 데 목적이 있었다.

## 2. 내용 구조와 장별 제목

### 1) 구조

고린도후서는 바울이 55년경에 썼으며 디도를 통해 전해졌다. 바울의 인간적인 모습이 보여지고 문체가 아름다운 것이 특징이다.

1-7장은 오해와 해명, 8-9장은 실제적인 계획, 10-13장은 미래의 열망을 담고 있다.

### 2) 장별 제목

1장 여정 변경, 2장 그리스도의 향기, 3장 새 언약의 일꾼, 4장 질그릇에 담긴 보배, 5장 화해의 복음, 6장 화해의 사도, 7장 화해의 기쁨, 8장 모범적인 마게도냐 교회, 9장 가난한 성도들을 위한 헌금, 10장 사도직의 정당성, 11장 사도직의 자랑, 12장 신비 체험, 13장 마지막 권면과 축도.

## 3. 메시지

(1) 복음을 이단으로부터 지켜라(2:11, 17).

(2) 주의 종을 신뢰하고 이단을 이겨라(5:18-20).

(3) 헌금을 즐김으로 복의 그릇을 만들라(8-9장).

(4) 복음을 위한 고난을 달게 받아라(11:4-5).

(5) 교회의 질서를 세워라.

## 4. 결언

교회 안에 회개하지 않는 자를 교훈하고 회개하는 자를 위로하며(2:5-11) 하나님의 심판을 경고하고 있다(12:20-21).

"너희는 믿음 안에 있는가 너희 자신을 시험하고 너희 자신을 확증하라 예수 그리스도께서 너희 안에 계신 줄을 너희가 스스로 알지 못하느냐 그렇지 않으면 너희는 버림받은 자니라 우리가 버림받은 자 되지 아니한 것을 너희가 알기를 내가 바라고"(13:5-6).

# 48 종의 멍에로부터 해방

## 갈라디아서

(갈 1:6–8) 암송 갈 5:1

"그리스도께서 우리를 자유롭게 하려고 자유를 주셨으니 그러므로 굳건하게 서서 다시는 종의 멍에를 메지 말라."

### 1. 서언

갈라디아서 하면 먼저 떠오르는 것이 '해방' 이란 단어이며 당시 율법적인 신앙에 매여 있던 교회에 해방의 창을 낸 종교개혁자들의 개혁의 배경이 된 성경이다. 일명 '영적 해방의 대헌장' 이라고도 말하는 본서는 1-2장은 하늘로부터 온 복음, 3-4장은 보다 월등한 복음, 5-6장은 성령으로 행하는 적용의 복음을 말하고 있다.

루터는 "갈라디아서와 나는 결혼했다. 이 서신은 내 아내다"라고 하면서 암기했다고 한다. '소 로마서' 라고 하여 기독교 교리를 로마서와 함께 정리하는 성경이다. 본서는 사도 자신의 사도직에 대한 논증과 유대주의자들에 대한 반증, 율법주의에서의 자유를 말하고 있다. 갈라디아서는 사도직의 권위를 부정하는 데 대한 해명과 유대인 교사들에 대한 잘못을 지적하고 시정하는 데 목적이 있다.

## 2. 내용 구조와 장별 제목

### 1) 구조

본서는 3차 전도여행 후 마게도냐에서 기록한 것으로 알고 있는데 대개 55년경으로 볼 수 있다.

### 2) 장별 제목

1장 사도직의 기원, 2장 사도직의 인정, 3장 율법과 믿음, 4장 율법의 무능력, 5장 자유와 영적 생활, 6장 성도의 교제.

## 3. 메시지

바울은 유대인을 만날 때마다 핍박을 받았다. 1차 선교여행 때 예루살렘 총회가 모인 것도 유대교와의 마찰 때문이었고, 3차 여행 때 두란노서원을 떠난 것도 바로 유대인들의 핍박 때문이었다. 처음 갈라디아를 방문한 것은 그의 건강 때문이었다(4:13-15). 사도가 떠난 뒤에는 더더욱 사도권을 흔드는 방법으로 교회를 넘어뜨리려고 하였다.

(1) 사도권을 확립시켜라(1:1).

"복음에는 하나님의 의가 나타나서 믿음으로 믿음에 이르게 하나니 기록된 바 오직 의인은 믿음으로 말미암아 살리라 함과 같으니라 하나님의 진노가 불의로 진리를 막는 사람들의 모든 경건하지 않음과 불의에 대하여 하늘로부터 나타나나니"(롬 1:17-18).

(2) 진리를 수호하라(갈 2:4).

"이는 가만히 들어온 거짓 형제들 때문이라 그들이 가만히 들어온 것은 그리스도 예수 안에서 우리가 가진 자유를 엿보고 우리를 종으로 삼고자 함이로되"(2:4).

예수 안에 있는 구속으로, 은혜로 주신 것이다."

"그리스도의 은혜로 너희를 부르신 이를 이같이 속히 떠나 다른 복음을 따르는 것을 내가 이상하게 여기노라 다른 복음은 없나니 다만 어떤 사람들이 너희를 교란하여 그리스도의 복음을 변하게 하려 함이라 그러나 우리나 혹은 하늘로부터 온 천사라도 우리가 너희에게 전한 복음 외에 다른 복음을 전하면 저주를 받을지어다"(1:6-8).

(3) 새롭게 생활하라.

## 4. 결언

그리스도인의 새 생활은 성령 안에서의 생활이며 새로운 삶을 살아야 되는 이유가 그리스도의 십자가의 구속 그리고 믿음으로 얻는 의와 율법에서 자유를 얻고 성령 안에서 성장하기 위해서다.

# 49 교회의 비밀

## 에베소서

(엡 1:22-23) 암송 엡 1:23

---

"교회는 그의 몸이니 만물 안에서 만물을 충만하게 하시는 이의 충만함이니라."

### 1. 서언

사도 바울은 로마에 가서 복음을 전하고 싶어했다. 오늘날 모든 사람들이 미국에 가서 공부하고, 세계가 미국을 중심으로 돌기 때문에 미국을 통해야 되듯이 바울은 로마에 가서 복음을 전해야 세계를 구원시킬 수 있다는 확신을 가진 것으로 보인다. 그래서 그는 죄수로 로마에 가서 재판받게 해 달라고 탄원함으로써 로마군의 호송을 받으며 로마에 갔다. 죄수의 신분으로 로마 옥중에서 에베소서, 빌립보서, 골로새서, 빌레몬서를 비롯한 옥중서신을 썼으며 그곳에서 복음을 전하다가 순교하게 된다.

이 에베소서는 그리스도 안에서 땅과 하늘의 복이 통일되어 그리스도가 머리 된 교회 안에 있다는 것을 가르치고 있다. 에베소서를 읽으면 교회가 얼마나 놀라운 곳이며 교회가 살면 나와 나라가 살고, 교회가 죽으면 나와 나라가 죽는다는 것을 정확하게 설명하고 있다. 그래서 1장부터 3장은 교회론을, 4장부터 6장은 실천편으로 교회생활 성공의 길을 가르치고 있다.

## 2. 내용 구조와 장별 제목

### 1) 구조

본서의 저자는 물론 사도 바울이 로마 옥중에서 에베소 교회를 비롯한 하나님의 교회들에게 교회가 얼마나 놀라운 곳인가 하는 것을 가르쳐 주고 있다. 본서를 쓴 시기는 에바브라의 도착과 오네시모의 회개 등에 소요될 시간이 있을 것으로 보기도 하지만, 주후 62년경으로 보는 것이 타당하다.

### 2) 장별 제목

1장 교회가 가진 복(서언), 2장 축복의 내용 '구원론', 3장 복음의 통로 '교회론', 4장 교회생활의 성공, 5장 그리스도인의 사회와 가정생활 성공, 6장 그리스도인의 영적 생활 성공(영적 전쟁).

## 3. 메시지

(1) 교회란 무엇인가?(1-3장)

교회 안에 모든 복이 다 있다. 그 복은 바로 그리스도이며 구원이며 천국이다. 그리고 죄를 사함받는 것이다. 영원한 천국을 소유하는 것이다. 그리하면 교회 안의 모든 복이 우리의 것이 된다. 그러므로 영혼의 눈을 뜨자. 복이 보여야 예수를 믿고 교회를 사랑하게 되는 것이다.

(2) 어떻게 교회 안에 있는 복을 가질 수 있는가?(4-6장)

첫째, 교회생활에 성공해야 한다. 하나 되어야 성공하며(4:1-6), 은사 받은 대로 충성해야 성공하며(7-12), 그리스도에게까지 성숙해야 성공한다.

둘째, 사회생활에 성공해야 한다(4:17-5:21).

셋째, 가정생활에 성공해야 한다. 부부사랑, 부모효도, 자녀양육 그리고 종도 잘 다스려야 성공이다(5:22-6:9).

넷째, 영적 전쟁에 성공해야 한다(6:10-6:24).

## 4. 결언

교회 안에 모든 복이 다 있다. 교회생활에 성공하면 모든 것에 성공할 수 있다.

# 50 그리스도를 본받아

## 빌립보서

(빌 3:1-9) 암송 빌 2:5

"너희 안에 이 마음을 품으라 곧 그리스도 예수의 마음이니."

### 1 서언

빌립보서는 사도 바울에 대한 각별한 사랑을 가지고 있었던 빌립보 교인들이 사도가 투옥되었다는 소식을 듣고 상심하고 혹 믿음이 후퇴할까봐 더욱 믿음을 강화하기 위해 이 일이 오히려 그리스도를 본받는 일이라는 것을 말하고 있다.

특히 빌립보 교인들이 에바브로디도 편에 헌금을 모아 보냈으며 사도 바울의 마음을 감동시킨 내용이 들어 있다. 에바브로디도가 잠시 병이 들어 걱정하는 교인들을 위로하였고(2:27), 그가 회복되자 그의 편을 통해 유대주의자 등 다른 복음을 전하는 자들을 경계하였다. 무엇보다도 빌립보서는 복음을 위한 투옥이나 고난이 오히려 복음의 진보가 되는 것이라고 확신하고(1:12, 17), 빌립보 교인들의 생각과 마음을 기쁨으로 채우기를 원했다.

## 2. 내용 구조와 장별 제목

### 1) 구조

본서는 사도 바울이 로마 감옥에서 쓴 옥중서신이며, 투옥 말기인 61-63년경에 쓰여진 것으로 알려져 있다. 자신의 투옥이 그리스도 안에서 오히려 복음의 진보가 되는 것이며, 사랑이 넘치는 교제는 믿음을 통해서만 할 수 있는 것을 보여 준다. 그리고 성육신의 그리스도를 언제나 추구해야 한다는 것과, 최고의 것을 가진 자는 언제나 최고로 즐기고 기뻐할 수 있는 구원의 감격을 말하고 있다. 그리고 그리스도를 본받아 나누고 베푸는 삶을 권면하고 있다.

### 2) 장별 제목

1장 복음의 진보가 되는 고난, 2장 그리스도를 본받는 생활, 3장 즐거워할 이유, 4장 나누고 베푸는 삶.

## 3. 메시지

(1) 복음을 위해 받는 고난을 두려워하지 마라.
(2) 그리스도의 마음을 가져라.
(3) 구원의 감격으로 즐거워하라.
(4) 나누고 베푸는 삶을 살아라.

## 4. 결언

주 안에서 핍박받는 자는 더 복이 있다. 편안히 믿는 것보다 복음을 위한 흔적을 남기는 것이다. 그리스도를 본받아 사는 길에는 핍박과 고독, 아픔이 있다. 그러나 그것도 그리스도의 마음을 가지고 구원의 감격을 누리면 더 큰 기쁨과 즐거움이 된다.

오늘 본문은 복음을 가장 고상한 지식이라고 말한다. 가장 고상한 것, 가장 귀한 것, 최고 좋은 것을 우리는 가지고 있다. 그러므로 이 세상의 그 어떤 것도 버리면서 기뻐할 수 있다.

죄인이 하나님을 만났다. 용서받고 하나님의 자녀가 되었다. 지옥 백성에서 천국 백성으로 변한 것이다. 이보다 더 귀한 일이 어디 있는가? "주는 그리스도시요 살아계신 하나님의 아들이시니이다." 얼마나 놀라운 고백인가? 빌립보 교인들은 이 비밀을 알고 기쁨으로 인내하고 섬기고 나누는 교회가 되었다.

# 51 나타나신 하나님 그리스도(1)

## 골로새서

(골 1:14-18) 암송 골 2:9-10

"그 안에는 신성의 모든 충만이 육체로 거하시고 너희도 그 안에서 충만하여졌으니 그는 모든 통치자와 권세의 머리시라."

### 1. 서언

로마서의 내용은 구원론이고, 에베소서는 교회론이며, 골로새서는 기독론에 관한 교리이다. 이 골로새서는 에베소서와 비슷하여 '쌍둥이 서신' 이란 별칭도 가지고 있다. 골로새서는 교회의 머리되시는 그리스도에게 초점을 맞추고 있다. 그리스도 안에 만물이 결합되어 있는 우주 전체는 그리스도를 통해서 그리스도를 위하여 창조되었다는 것이다(엡 1:14-17). 그리스도 중심의 우주관을 최초로 표명한 것이다.

골로새 지역은 에베소 동쪽 150㎞ 지점 그리고 남쪽 해안으로부터는 약 200㎞ 들어간 내륙에 위치해 있으며, 라오디게아, 히에라

볼리스와 삼각형으로 소아시아 지역이 동서를 연결하는 교통의 요충지였으며, 토지가 비옥하고 목축이 왕성한 곳으로 라오디게아가 그 중심이 되었다.

당시의 골로새는 그 위치상 유대주의, 헬레니즘, 동방의 신비주의가 사상적으로 혼합되어 있었고 이러한 곳에 사도 바울이 기독론에 대한 확고한 신앙을 심어주고자 한 것으로 볼 수 있다. 바울은 골로새 교인들을 직접적으로 만나보거나 골로새 교회를 직접 세운 일이 없다.

사도행전 19장 10절에 바울이 "두 해 동안 이같이 하니 아시아에 사는 자는 유대인이나 헬라인이나 다 주의 말씀을 듣더라"는 기록으로 볼 때, 에베소에서 바울이 사역할 때 바울의 제자에 의해 설립된 교회로 보는 것이 타당하다.

## 2. 내용 구조와 장별 제목

### 1) 구조

본서는 사도 바울이 저자가 아니란 반론도 많지만, 대개 바울이 62년경 감옥에서 쓴 옥중서신으로서 1장 2절과 2장 1절에 기록된 골로새 교회와 라오디게아 교회 성도들에게 보낸 서신이라고 보고 있다.

골로새 교회가 이단들의 횡포로 혼란스러운 지경이 되자 에바브라는 로마에 있는 바울에게 찾아가서 도움을 청하게 된다. 바울은 골로새 교회가 세워져 가는 것을 기뻐하면서도 이 험한 이단사상의 교리가 만연해 있다는 소리를 듣고 상심해 하였다. 그래서 교회에

침투한 혼합주의적 이단을 배격하기 위해 이 책을 기록하였다.

2) 장별 제목

1장 믿음과 사랑에 대한 칭찬, 2장 이단에 대한 경고, 3장 성도의 생활원리, 4장 성도의 기도생활.

## 3. 메시지

(1) 이단사상을 배격하라.
(2) 배교하지 마라.
(3) 그리스도를 바로 알아라.

## 4. 결언

본서에 나타난 기독론은 하나님의 형상 그리스도, 창조주와 관리자로서의 그리스도, 만물의 보존자 그리스도, 부활의 첫 열매 그리스도, 신성과 인성이 충만한 그리스도, 유일한 중보자 그리스도, 영광의 소망이신 그리스도, 우리의 생명이신 그리스도, 교회의 머리 되신 그리스도를 말하고 있다.

# 52 그리스도의 재림을 대비하라

## 데살로니가전서

(살전 3:12-13) 암송 살전 5:23

"평강의 하나님이 친히 너희를 온전히 거룩하게 하시고 또 너희의 온 영과 혼과 몸이 우리 주 예수 그리스도께서 강림하실 때에 흠 없게 보전되기를 원하노라."

### 1. 서언

데살로니가전 · 후서는 '숨은 미인의 책' 이라고 불리며 목회서신이다. 바울의 생생한 신학사상과 신앙체험, 그의 선교를 볼 수 있으며 초기 기독교의 생활상을 잘 보여 주고 있다. 바울이 빌립보에 이르러 약 1달간 전도하여 세운 교회이다. 데살로니가는 마게도냐의 수도이며 빌립보 다음가는 도시였다. 150년경에는 인구가 20만 명이 넘는 도시였으며 전 마게도냐의 어머니라고 불리기도 했다.

처음 교회가 세워질 때 심한 반대가 있었던 데살로니가는 폭도들이 바울을 잡으러 왔다가 야손과 신도들을 재판정에 세웠다. 제자들은 바울을 베뢰아로 피신시켰다. 바울은 데살로니가 교회가 유대인의 박해와 이방 세속주의의 영향에서 잘 견디어 줄 것을 바라는 마음으로, 그리고 다른 형제들의 안전을 위해 데살로니가 교회에 편지를 보낸 것이다.

본서는 성적, 도덕적 타락의 위험을 경고하고 재림에 대한 두 가지 견해를 가르친다. 그리고 항상 정신을 차리고 깨어 기도하는 생활을 할 것을 권면하고 있다.

## 2. 내용 구조와 장별 제목

### 1) 구조

본서는 사도 바울이 저자라는 데는 아무런 의심이 없으며 50-51년경에 쓰여졌다. 본서는 1-3장은 뒤를 돌아보는 내용이며, 4-5장은 앞을 내다보는 내용으로, 재림에 대비하는 삶이 바른 삶임을 가르치고 있다.

### 2) 장별 제목

1장 기쁨의 교회, 2장 모범적인 전도자, 3장 디모데 파송, 4장 그릇된 재림관, 5장 재림에 관한 교훈.

## 3. 메시지

(1) 기쁨을 주고 감사와 격려를 받는 사람들이 되라.

"우리가 너희 모두로 말미암아 항상 하나님께 감사하며 기도할 때에 너희를 기억함은 너희의 믿음의 역사와 사랑의 수고와 우리

주 예수 그리스도에 대한 소망의 인내를 우리 하나님 아버지 앞에서 끊임없이 기억함이니"(1:2-3).

(2) 복음의 증인임을 잊지 마라.

"유대인은 주 예수와 선지자들을 죽이고 우리를 쫓아내고 하나님을 기쁘시게 하지 아니하고 모든 사람에게 대적이 되어 우리가 이방인에게 말하여 구원받게 함을 그들이 금하여 자기 죄를 항상 채우매 노하심이 끝까지 그들에게 임하였느니라"(2:15-16).

(3) 현장을 놓치지 마라.

"이러므로 우리가 참다 못하여 우리만 아덴에 머물기를 좋게 생각하고 우리 형제 곧 그리스도의 복음을 전하는 하나님의 일꾼인 디모데를 보내노니 이는 너희를 굳건하게 하고 너희 믿음에 대하여 위로함으로 아무도 이 여러 환난 중에 흔들리지 않게 하려 함이라 우리가 이것을 위하여 세움 받은 줄을 너희가 친히 알리라"(3:1-3).

(4) 바른 종말관을 가져라.

① 살전 4:16 ② 살전 4:17 ③ 살전 5:1-3 ④ 그 날의 결과

불신자(5:2), 신자(5:10), 재림의 징조는 말하되 시간을 알려 하지 마라(마 24장).

## 4. 결언

본서의 주제는 재림이다. 그 나라의 백성, 제자로서 자기의 일을 계속하는 것이다.

# 53 아직 재림하지 않으신 그리스도

## 데살로니가후서

(살후 3:3) 암송 살후 3:3

"주는 미쁘사 너희를 굳건하게 하시고 악한 자에게서 지키시리라."

### 1. 서언

데살로니가전서에서 그리스도의 재림을 대비하라는 바울의 권면을 들은 교인들이 지금 갑자기 임하는 재림으로 생각하여 무위도식하며 게으름을 피우고 주위의 비난을 받게 된 것을 보고 재림의 징조를 설명하면서 재림을 예비하는 건강한 삶을 살도록 강조하고 있다. 임박한 재림을 기대하는 그들에게 인내와 믿음으로 조심스럽고 참을성 있게 기다리라고 충고하고 있는 것이다.

이런 교훈을 할 때 어떤 규모 없는 이들은 성령이 자기에게 계시를 했다면서 생업을 포기하고 가정마다 돌면서 폐를 끼치고 다녔다. 그래서 바울은 재림 전에 불법을 행하는 자들이 나타난다고 밝히면서 첫 번째 편지로 인해 일어난 오해를 바로 잡으려고 두 번째 편지를 보낸 것이다.

## 2. 내용 구조와 장별 제목

### 1) 구조

3장 17절에 "나 바울은 친필로 문안하노니"라고 밝히고 있다. 저작 시기는 51년 봄과 여름으로 데살로니가전서보다 반 년 정도 뒤에 쓰인 것으로 보고 있다.

마지막 때의 핍박은 세상에는 공포이나 성도들에게는 위로가 된다. 또한 재림 전에는 불법의 사람들이 나타난다. 그러므로 우리는 기도하며 잘못된 재림론자에게서 떠나 오히려 열심히 일해야 하는 것이다. 재림의 징조는 배도(2:3), 불법자와 적그리스도의 출현(2:3-4), 주께서 심판주로 나타나심(계 11:7)이며 재림이 지연되는 이유는 충성되게 하려고(2:15), 전도를 위해(3:1), 기도하라고(3:1), 인내하며 기다리라고(3:5), 구별된 생활을 하라고(3:5-14), 타인에게 관용을 베풀도록 하기 위해서(3:15)라고 밝히고 있다.

### 2) 장별 제목

1장 핍박, 2장 예언, 3장 실천.

## 3. 메시지

(1) 기도하라(3:1).

(2) 떠나라(3:6).

(3) 행하라(3:12).

## 4. 결언

데살로니가후서는 데살로니가전서에서 임박한 재림을 설교하자 지나친 무리들이 오히려 그것을 규모 없이 잘못되게 하므로 재림론의 바른 신앙을 밝히고 있는 것이다. 규모 없는 자들을 그냥 방치해서는 안 된다. 신앙생활을 규모 없이 하지 말고 건강한 신앙을 가지자.

# 54 목회의 임무와 책임(1)

## 디모데전서

(딤전 4:6-16) 암송 딤전 2:4

"하나님은 모든 사람이 구원을 받으며 진리를 아는 데에 이르기를 원하시느니라."

### 1. 서언

에베소 교회를 돌보고 있던 디모데에게 마게도냐에서 당시 교회와 종교계층 간에 팽배해 있던 영지주의에 대한 경계와 아울러 목회자로서의 온전한 자질을 가질 것을 말하고 있는 목회서신이다. 그래서 목회는 선한 싸움을 싸울 줄 알아야 하며, 교회가 무엇인가를 알고, 교회를 잘 치리해야 하며, 좋은 직분자를 세울 줄 알아야 하고, 잘 가르치며, 배교자를 분별하여 예방하고 치리하며, 좋은 관계를 유지해야 할 것을 구체적으로 지시하고 있는 내용이다.

목회의 책임을 말하지만 사실 목회에 대한 권위도 말해주고 있으며, 잘 조직된 교회의 건전한 도덕생활로 나타나는 순전한 사도적 복음은 시대적 요구인 것이다. 그 목적을 달성하기 위해서는 하나님의 교회를 섬길 장로와 집사 등 평신도 모두를 고귀한 신앙 품격을 가진 자들로 택하여 교회를 세워가며, 하나님의 진리의 증언자들이 되게 해야 한다는 것이다. 이 목적을 달성하기 위하여 복음의 실제적 곧 도덕적으로 건전함을 강조하고 있다.

## 2. 내용 구조와 장별 제목

### 1) 구조

본서의 저자에 대해서 바울이 아니라는 논쟁도 많이 있다. 그러나 그 이유는 바울의 신학과 본서의 내용이 틀리다는 견해이다. 바울은 믿음을 가장 높였는데 본서는 유전을 중시했고, 육과 영의 싸움을 무시했다고 주장하며, 십자가를 잊어버렸고 특히 바울의 신비가 결여되어 있다고 주장하고 있다. 그러나 1장 1-2절에서 정확하게 믿음 안에서 참아들 디모데에게 바울이 편지한다고 증거하고 있는데 더이상 무슨 논쟁이 우리에게 필요하겠는가.

시기에 관하여 대부분의 학자들은 바울의 순교 직전인 64년경으로 혹자는 62년으로 말하기도 한다. 사도 바울이 한 말씀을 단편으로 편집한 것이라면 90-150년경으로 주장하기도 한다.

### 2) 장별 제목

1장 바울의 편지, 바른 교훈, 2장 디모데의 중보기도, 3장 감독과 집사, 4장 경건과 착념, 5장 참 과부, 6장 돈.

## 3. 메시지

(1) 선한싸움을 싸워라(1:18).

(2) 하나님의 소원을 하나가 되어 이루어라(2:4).

(3) 교회를 교회답게 보존하라(3:14-16).

(4) 자신을 잘 관리하라.

- 자신을 잘 훈련하라(4:6-16).
- 자신을 정결하게 지켜라(5:22).
- 경건을 좇아라(6:11-12).
- 오직 주를 찬양하라(1:17, 3:16, 6:15-16).

## 4. 결언

그리스도의 소원은 오직 하나이다. 2장 4절에 나와 있듯이 모든 사람이 구원을 받으며 진리에 이르는 것이다. 이것을 위해서는 남녀가 구분이 없다. 오직 하나님을 아버지라 고백하는 하나님의 교회가 교회를 교회답게 보존하는 것이며 주님의 소원을 이루고 교회를 지키는 것이다. 좌우로 치우치지 못하게 해야 한다(4:1-5).

# 55 목회의 임무와 책임(2)

## 디모데후서

(딤후 4:1-8) 암송 딤후 4:1

"하나님 앞과 살아 있는 자와 죽은 자를 심판하실 그리스도 예수 앞에서 그가 나타나실 것과 그의 나라를 두고 엄히 명하노니."

### 1. 서언

에베소 교회를 돌보고 있던 디모데에게 주는 유언장이라고 할 수 있는 성격으로, 개인적 목회서신이다. 신학적인 내용보다는 전도자가 가져야 할 책임과 자세를 말하고 있다. 특히 3장 16-17절에는 유명한 바울의 성경관이 기록되어 있다. 두 번째 로마 감옥에 투옥된 상태에서 자신의 종말이 가까움을 느끼고 있을 때였다(4:6-7).

바울은 자신의 젊은 후계자 디모데에게 "복음을 전하려면 수모를 참고 견딜 줄 알며 담대함을 잊어버리지 말고 전도자의 소명과 자세를 갖춘 그리스도의 충실한 일꾼이 될 것"을 권면하고 있다.

## 2. 내용 구조와 장별 제목

### 1) 구조

사도행전 기록의 지지를 받지 못한다는 점에서 바울의 저작설이 부인되기도 한다. 그러나 본 서신은 1장 1절에서와 같이 자서전적인 내증을 통해서 바울의 저작임을 알 수 있으며, 특히 디모데를 믿음의 아들이라고 1장 2절과 2장 1절에서 호칭한 것은 바울이 아니고서는 할 수 없는 일이다. 그 외에도 문학적, 역사적 공통점이 많으므로 저자를 바울로 보는 것이 타당하다.

본 서신은 1차 투옥 때가 아니라 2차 투옥 때로 보아야 한다. 중요한 것은 죽음을 눈앞에 둔 사람이 유언을 하듯이 기록하고 있다는 점에서 네로 황제의 박해로 순교를 얼마 남겨 두지 않은 시점에서 쓴 것이 확실하다고 본다. 바로 68년경 로마 옥중에서 기록한 것이라고 볼 수 있다.

### 2) 장별 제목

1장 그리스도군의 소명, 2장 그리스도군의 자세, 3장 말세와 거짓교사에 대한 경고, 4장 전도에 대한 유언.

## 3. 메시지

(1) 복음과 함께 고난을 받아라(1:8).

(2) 그리스도군으로 군인정신을 가져라(2:4).

(3) 말씀 위에 바로 서라(3:14).

(4) 주님 만날 준비를 하라.

- 심판자 앞에 설 준비를 하라(1절).
- 항상 복음 전도에 힘써라.
- 면류관을 받아라.

## 4. 결언

이 서신의 중심 어구는 '부끄러워함' 이다. 주님과 복음 그리고 고난받는 믿음의 사람들을 부끄러워해서는 안 된다. 오히려 기쁘게 여기고 자랑해야 하는데 그 이유는 하늘의 상이 있기 때문이다. 그 날에 주님께로부터 상 받는 자가 누구인가를 바울은 너무나 잘 알고 있었다. 자신은 관제를 받아 부음이 될 정도로 자신을 부어서 주님께 드리게 되었다는 것이다. 그래서 그에게는 면류관이 기다리고 있다고 확신하는 것이다.

"그러므로 너는 내가 우리 주를 증언함과 또는 주를 위하여 갇힌 자 된 나를 부끄러워하지 말고 오직 하나님의 능력을 따라 복음과 함께 고난을 받으라"(1:8).

# 56 하나님의 교훈을 빛나게 하라

## 디도서

(딛 2:7–8) 암송 딛 3:2

"아무도 비방하지 말며 다투지 말며 관용하며 범사에 온유함을 모든 사람에게 나타낼 것을 기억하게 하라."

### 1. 서언

바울은 로마로 가는 선교여행 중 그레데에 잠시 머물렀다. 그후 로마의 옥에서 풀려나와 그레데로 돌아와 선교하다가 디도에게 모든 것을 맡기고 떠났다(1:5). 이때 맡은 소임은 그레데 교회를 조직화하는 일이었다. 디도서의 기록 목적은 사역을 맡김과 세나와 아볼로를 보내는 것, 목회상의 문제해결 세 가지로 핸드릭슨은 요약하고 있다.

그러므로 사상의 전개나 내용이나 문체 등이 목회서신인 디모데서와 매우 흡사하다. 내적으로는 교회의 제도 확립 그리고 외적으로는 세상에 대해서 올바른 적용을 하도록 하는 것이었다. 임박한 종말을 기다리는 초대교회에 그리스도의 재림이 지연되고 있는 것에 대해 바른 자세를 말하고 있다.

## 2. 내용 구조와 장별 제목

1) 구조

본서의 저자에 대해서 바울이 아니라는 논쟁도 많이 있다. 그 이유는 그의 추종자들에 의해 후에 기록되었다는 것이다. 그러나 막연한 추측으로 저자와 기록연대를 뜯어 맞출 것이 아니라 일단 전승을 그대로 믿어야 한다. 디모데후서 저작 이전인 63-66년경으로 추정하고 있다.

2) 장별 제목

1장 교회행정, 2장 교회생활, 3장 사회생활에 대해 기록하고 있고, 교회에 대해서는 1장 질서 있는 교회, 2장 건강한 교회, 3장 실천하는 교회를 말하고 있다.

## 3. 메시지

(1) 질서 있는 교회를 이루라(1:5, 14).

교회의 기둥인 장로를 잘 세워서 교회를 든든히 질서 있는 교회로 만들어야 한다.

"책망할 것이 없고 한 아내의 남편이며 방탕하다는 비난을 받거나 불순종하는 일이 없는 믿는 자녀를 둔 자라야 할지라 감독은 하나님의 청지기로서 책망할 것이 없고 제 고집대로 하지 아니하며 급히 분내지 아니하며 술을 즐기지 아니하며 구타하지 아니하며 더러운 이득을 탐하지 아니하며 오직 나그네를 대접하며 선행을 좋아하며 신중하며 의로우며 거룩하며 절제하며 미쁜 말씀의 가르침을 그대로 지켜야 하리니 이는 능히 바른 교훈으로 권면하고 거슬러 말하는 자들을 책망하게 하려 함이라"(1:6-9).

(2) 바른 교회를 건설하라(2:1-10).

(3) 실천하는 교회를 이루라(3:1). 그리스도인으로 사회생활에도 모범이 되어야 할 것을 말하고 있다. 불신자에게는 관용으로 세속 정부에 순종할 뿐 아니라 사회인으로서의 책임을 감당함도 중요하다.

"너는 그들로 하여금 통치자들과 권세 잡은 자들에게 복종하며 순종하며 모든 선한 일 행하기를 준비하게 하며 아무도 비방하지 말며 다투지 말며 관용하며 범사에 온유함을 모든 사람에게 나타낼 것을 기억하게 하라"(3:1-2).

## 4. 결언

목회서신은 목회를 위한 실제적인 지침서이다. 교리적인 면이나 논리적인 면은 희박하다. 그러나 개인서신 중 하나로서 장로 임명, 성도 양육과 생활을 다루고 있다.

# 57 나타나신 하나님 그리스도(2)

## 빌레몬서

(몬 1:8–22) 암송 몬 1:10

"갇힌 중에서 낳은 아들 오네시모를 위하여 네게 간구하노라."

### 1. 서언

빌레몬은 골로새 교회의 중요한 인물이었다. 그는 그리스도와 신자들을 사랑했고, 그 사랑을 행동으로 나타냈다(1:7). 그는 바울의 전도를 받고 예수님을 믿게 되었다(1:19). 신앙 안에서 새로워진 빌레몬을 통해 그의 가족들도 신앙을 갖게 되었다. 신자들은 빌레몬의 집에서 정규적으로 예배를 드렸던 것 같다(1:2).

한편, 오네시모는 빌레몬의 노예였다. 이 노예는 주인집에서 도망하여 멀리 로마까지 갔다. 로마에서 노예 오네시모는 바울을 만났다. 빌레몬이 사도 바울을 통해 복음으로 새롭게 된 것처럼, 노예 오네시모도 바울의 전도를 받고 신자가 되어 변화되었다.

당시 로마의 노예법은 가혹했다. 주인은 노예에 대하여 무제한의 권력을 가졌고, 노예의 생사(生死)는 완전히 주인의 손 안에 있었다. 하찮은 작은 죄 때문에 십자가형으로 죽임을 당하는 노예들이 수없이 많았다. 하물며 오네시모는 주인에게서 도주하였을 뿐 아니라 주인의 재물까지 가지고 갔었으므로, 그의 죄는 엄청난 것이었다.

바울은 주인 빌레몬에게 보내는 편지와 함께 오네시모를 돌려보낸다. 그 편지가 바로 본서이다. 바울은 빌레몬에게 상전과 노예의 관계를 초월하여, 그리스도 안에서 형제로서 종 오네시모를 용서하고 환영해 달라고 편지로 정중하게 요청하고 있다.

## 2. 내용 구조와 장별 제목

### 1) 구조

사도 바울의 다른 편지들은 기독교의 심오한 신학 사상을 말해주지만, 본서에는 인간 바울의 한없이 자비로운 사랑의 모습이 나타나 있다. 또한 본서를 통해 그리스도와 신자의 아름다운 관계를 찾아볼 수 있다. 주인 빌레몬에게 악하고 비천한 노예 오네시모를 용서하고 사랑으로 환영해 줄 것을 간청하는 바울의 모습은, 하나님 앞에서 우리를 향해 대속의 사랑을 나타내신 그리스도의 모습과 같다. 우리는 한때 오네시모와 같이 악하고 무익한 사람들이었다. 그러나 그리스도를 믿음으로써 변화되어 유익한 사람이 되었다.

골로새서 · 빌레몬서 · 에베소서는 두기고와 오네시모가 다니면서 전달한 바울의 편지들인데 바울이 로마에서 첫 번째 감금 생활을 하던 AD 60-62년경에 쓰여졌다고 추정된다.

### 2) 장별 제목

본서는 네 부문으로 나누어진다. 1-3절 인사, 4-7절 빌레몬에 대한 칭찬, 8-21절 오네시모를 위한 부탁, 22-24절 마지막 인사이며, 장별 제목은 1장 사랑의 영접이다.

## 3. 메시지

(1) 셀교회와 셀가족들을 사랑하며 기도하라(1-3절).

(2) 사랑과 믿음의 향기가 나게 하고 이름을 불러가며 중보하라(4-5절).

(3) 변화받은 자를 용서하고 유익한 자로 동역하라(10-13절).

(4) 그리스도 안에서는 종이라도 사랑하는 형제로 대하라(16-18절).

# 58 큰 대제사장이신 예수를 생각하라

## 히브리서

(히 4:14-16) 암송 히 11:1-2

"믿음은 바라는 것들의 실상이요 보이지 않는 것들의 증거니 선진들이 이로써 증거를 얻었느니라."

### 1. 서언

히브리서 7장 3절에 "아버지도 없고 어머니도 없고 족보도 없고 시작한 날도 없고"란 멜기세덱에 대한 말씀처럼 저자도 수신자도 시기와 장소도 책 이름도 모두가 확실치 않은 성경이다. 바울서신이나 공동서신과도 다르며 문학적 형태도 다르다. 스콧이란 학자는 신약성경의 수수께끼로 연구하면 할수록 문제가 생기는 책이라고 했다. 서신의 형태를 보이고 있지만 '그리스도의 제자직' 이란 논문의 형태를 보이는 책이다. 본서를 바울서신이라고 보면 14권이 되는데 바울서신이라고 하기에는 너무 문제가 많다고 본다.

## 2. 내용 구조와 장별 제목

### 1) 구조

본서의 저자에 대해서 바울이 아니라는 논쟁도 많이 있다. 본서의 저자가 누구냐가 중요한 것이 아니라 성경말씀이라고 하는 것이 중요하다. 본서는 1장부터 10장 18절까지는 교리이며, 10장 19절 이하는 권면이다.

우리의 제사장인 그리스도는 어떤 제사장인가? 거룩한 제사장(1:4-2:5), 구속자 제사장(2:5), 사도 제사장(3:1-4:13), 온전한 제사장(4:14-5:10), 영원한 제사장(7:1)이라고 말하며, 8-9장은 새 언약과 성막에 대해 말하며, 10장 19절 이하는 나아가자, 믿자, 견디자, 사랑하자는 결단이다.

영국의 흠정역 성경에는 바울이 저자라고 되어 있기는 하지만 본 서신의 저자는 13장 23절에 의하며, 디모데와 개인적인 관계에 있는 사람 중에서 찾아야 한다. 바울, 누가, 클레멘트, 아볼로, 바나바 중의 한 사람으로 보아야 된다고 주장하기도 한다. 그러나 많은 학자들이 또 바울의 저작설을 주장하기도 한다. 내용과 사상, 문체가 일치하는 부분이 많기 때문이다.

본서의 저작 시기도 매우 많은 견해들이 있다. 대개 전기설은 58-70년 사이, 후기는 80-90년경으로 보기도 한다. 수신자는 유대인과 일반인을 포함한 로마의 일반 성도들이라고 본다.

### 2) 장별 제목

1장 천사보다 우월하신 그리스도, 2장 그리스도의 고난을 통한 구속, 3장 모세보다 우월하신 그리스도, 4장 믿음으로 얻은 안식, 5장 대제사장의 자격, 6장 영적 성장과 인내의 소망, 7장 멜기세덱의 제사장직, 8장 새 언약의 중보자 그리스도, 9장 그리스도 희생의 완전성, 10장 그리스도 희생의 영원성, 11장 믿음의 본질과 승리, 12장 그리스도를 바라보라, 13장 그리스도인의 생활.

## 3. 메시지

(1) 그리스도는 우리의 영원한 대제사장이다(9:11-12, 10:11,14).

거룩한/구속하시는/사도인/온전한/영원한 대제사장이다.

(2) 그리스도보다 더 우월하신 분은 없다.

천사(13:22, 2:1-4), 모세(3:7-19), 멜기세덱(5:11)보다, 본질은 하나님(1:2-3).

(3) 오직 믿음으로 살자.

나아가자(10:19), 믿자(11:1), 견디자(12:3), 사랑하자(13:1).

# 59 행함이 없는 믿음은 죽은 믿음

야고보서

(약 3:1–12) 암송 약 2:26

"영혼 없는 몸이 죽은 것같이 행함이 없는 믿음은 죽은 것이니라."

## 1. 서언

바울서신 외의 다른 서신을 공동서신 혹은 일반서신이라고 하며 첫 번째 서신이 야고보서이다. 개인적인 인사말로 시작하여 실천적인 측면을 강조하는 서신으로, 믿음의 최상의 지표로 하는 로마서와는 대조를 이룬다. 행위가 뒤따르지 않는 믿음에 대한 비판, 부와 재물에 대한 경고, 유대교 지혜문학의 영향 등을 볼 때 이 서신이 기록된 팔레스타인계 교회의 신학적 분위기가 나타난다.

루터는 "믿음의 냄새는 조금도 나지 않는 지푸라기 같은 서간" 이라고 혹평하였다. 그러나 본서는 '신약의 잠언' 이라고 할 정도로 그리스도인의 실천윤리에 있어서는 탁월한 말씀이 기록되어 있다.

클록이란 사람은 "야고보서는 바울의 삶, 베드로의 믿음과 요한의 사랑의 진수를 뽑아 모은 말씀"이라고 말했다.

## 2. 내용 구조와 장별 제목

### 1) 구조

예수님의 동생 야고보가 저자이며, 60-62년경을 저작 시기로 보고 있다. 예수님의 동생 야고보를 저자라고 볼 때 네로 황제의 박해로 야고보가 순교하기 직전인 62년경이라고 볼 수 있다. 1장에서는 시험을 오히려 기쁘게 여기고 믿음의 지혜를 구하라고 말하며, 2장은 사람을 외모로 판단하지 말고 이웃을 사랑하는 행위가 있어야 하고 행위가 없는 믿음은 죽은 믿음이라고 말하며, 3장은 말에 대한 교훈을 말하고, 4-5장은 세상의 정욕을 구하지 말고 마음을 성결하게 하고 형제를 비방하지 말며 재물을 선하게 사용할 줄 모르는 어리석은 자가 되지 말라고 권면하고 있다.

### 2) 장별 제목

1장 인내하는 믿음, 2장 사랑하는 믿음, 3장 행하는 믿음, 4장 정욕을 제어하는 믿음, 5장 재물욕과 영적 욕심을 가지는 믿음.

## 3. 메시지

(1) 인내하는 믿음으로 시험을 이겨라(1장).

(2) 사람을 외모로 판단하지 말고 사랑하는 실천적인 믿음을 가

져라(2장).

(3) 신앙은 입을 보면 안다. 입이 온전해야 온전한 믿음이 된다.(3장).

(4) 세상 욕심보다 주님을 욕심 내라. 욕심은 사탄의 통로이다(4장).

(5) 재물욕보다 영적 욕심을 가져라(5장).

# 60 은혜에 굳게 서라

## 베드로전서

(벧전 4:12-13) 암송 벧전 4:12-13

"사랑하는 자들아 너희를 연단하려고 오는 불 시험을 이상한 일 당하는 것같이 이상히 여기지 말고 오히려 너희가 그리스도의 고난에 참여하는 것으로 즐거워하라 이는 그의 영광을 나타내실 때에 너희로 즐거워하고 기뻐하게 하려 함이라."

### 1. 서언

신약성경 중 21번째 책인 본서는 수제자 베드로 사도가 그의 인생 말년에 순교를 앞두고 비장한 각오로 기록한 서신이라고 볼 수 있다. 자신이 세운 교회가 외부의 박해에 위축되고 좌절하지 않도록 교훈하기 위한 '격려의 서신' 혹은 '소망의 서신'이라고 볼 수 있다.

당시는 네로 황제의 박해가 시작되던 해로서 성도들이 흩어지기 시작했으며, 이때 다가올 박해를 예감하고 담대하여 시험과 박해를 견디고 그리스도에 대한 믿음과 소망을 굳게 가짐으로 다가올 시련을 잘 이겨내라고 권면하고 있다. 핍박은 신앙을 성숙케 하고 영적

은사와 하늘의 상급을 더 크게 하는 것이며 신앙이 불로 연단되어야 더욱 정금같이 강하고 아름답게 된다는 소망의 메시지를 주고 있다.

## 2. 내용 구조와 장별 제목

### 1) 구조

1장 1절에서 자신을 예수 그리스도의 사도 베드로라고 밝히고 있다. 5장 1절에서는 같은 장로로서 그리스도 고난의 증인이라고 말하고 있다. 그럼에도 불구하고 베드로 사도의 저작을 부인하고 있기도 하다. 대개 5가지 이유를 드는데 ① 언어학상, 문체상 베드로의 저작 부인 ② 교리상의 문제 ③ 수신자와 베드로의 무관련성 ④ 박해의 시기가 다른 점 ⑤ 그리스도에 대한 회상이 나타난 점 등의 이유로 부인하는 것이다. 그러나 성경 1장 1절에서 분명하게 저자를 밝히고 있으므로 다른 이야기를 할 필요가 없다. 저작 시기는 대개 64년경으로 본다.

### 2) 장별 제목

1장 현재의 고난과 미래, 2장 성도의 사회생활, 3장 부부의 윤리, 4장 가까운 종말, 5장 장로와 젊은이와의 자세.

## 3. 메시지

베드로전서는 ① 박해받는 성도들에게 신앙의 격려를 주기 위해, ② 소망과 위로를 주기 위해, ③ 오해를 시정하기 위해, ④ 성도의 사회적 의무에 대한 원리를 제시해 주고 있다.

(1) 고난의 이유를 알고 소망을 가지고 이겨라(1:6-9).

(2) 산 돌과 왕 같은 제사장의 복을 누려라(2:9-10).

(3) 하나님과 막히지 않게 선을 행하라(부부/고난; 3:10-12).

(4) 고난은 축복의 그릇을 만드는 연단이다(4:1-2).

(5) 겸손하여 자신과 사람과 사탄을 이겨라(5:6).

# 61 거짓 예언을 분별하고 재림을 사모하라

## 베드로후서

(벧후 3:1–14) 암송 벧후 3:14

"그러므로 사랑하는 자들아 너희가 이것을 바라보나니 주 앞에서 점도 없고 흠도 없이 평강 가운데서 나타나기를 힘쓰라."

### 1. 서언

본서는 외형적으로는 서신의 형태를 취하고 있지만 믿음에 굳게 서서 거짓 교사들을 피하고 그리스도의 재림에 대한 확신을 가지라는 설교이며 권면이다. 성도들이 복음을 완전히 깨달아야만 거짓 교사들의 가르침을 극복할 수 있다는 것을 안 베드로 사도는 그리스도의 장성한 분량에까지 자랄 것을 권면하고 있다. 기독교의 적극적인 신앙과 거짓 종교의 혼합을 용서해서는 안 된다고 경고하고 있다.

따라서 베드로후서는 내부의 이단들로부터 성도들을 구원하기 위한 구원론(1:13-14), 종말론(3:1-13) 등 기독교의 기본적인 교리를 확신 있는 어투로 설명하면서 그리스도인들은 거룩한 행실과 경건한 마음으로 주의 재림을 예비할 것을 감동적으로 전하고 있다. 불과 3장의 분량이지만 바울과 같이 영의 눈으로, 육의 눈으로 그리스도를 본 사람의 값진 종교적 체험들이 들어 있다.

## 2. 내용 구조와 장별 제목

### 1) 구조

1장 1절에서 자신을 "예수 그리스도의 사도 베드로"라고 밝히고 있다. 많은 학자들이 베드로의 저서가 아니라고 말하고 있다. 그러나 기록자가 분명히 사도이며(3:2) 변화산에 올랐던 세 제자 중 한 사람이며(1:18) 이전에 같은 사람에게 서신을 보낸 적이 있는(3:1)사람이기 때문에 저자는 확실하게 베드로라고 보아야 한다.

저작 시기는 베드로 사도의 순교 직전으로 보기 때문에 64년경으로 보는 것이 타당하다. 순교를 67년으로 보면 기록연대도 바뀔 수 있다. 수신자는 박해 중에 있는 소아시아의 성도들이다.

### 2) 장별 제목

1장 소망에 대한 보증, 2장 거짓 교사와 투쟁, 3장 재림의 확실성.

## 3. 메시지

베드로후서는 ① 이단을 대처하고 거짓 교사들에 대한 심판을 예고하며, ② 올바른 재림신앙을 알리고, ③ 부도덕한 향락주의를 배격하여 올바른 신앙생활을 하도록 하기 위해 기록한 것이다. 본서에는 "잊지 말라"는 단어가 다섯 번이나 기록되어 있다.

(1) 천국에 들어갈 준비를 넉넉하게 하라(1:4-11).

(2) 이단과 부도덕한 향락주의를 경계하라(2:1-3).

(3) 신랑을 기다리는 신부처럼 주님을 기다려라(2:1-3).

# 62 하나님의 자녀 된 성도와의 교제

## 요한1서

(요일 2:18–29) 암송 요일 3:18

"자녀들아 우리가 말과 혀로만 사랑하지 말고 행함과 진실함으로 하자."

### 1. 서언

세베대의 아들인 요한의 신앙적 연륜이 잘 드러난 본서는 내용으로 요한 2서, 요한 3서, 요한계시록, 요한복음과 더불어 요한서신의 부류에 속한다. 요한서신의 내용은 바울서신처럼 논리적 발전이 없으며 같은 주제가 여러 번 반복되는 주기적 방법으로 기록되어 있다.

당시 영지주의란 이단은 기독교와 별개의 단체를 기록하였는데, 물질과 육체를 악한 것으로 여기고 그리스도의 성육신은 허깨비를 본 것과 같은 것이라고 하면서 부인하고 육체의 범죄를 두려워하지 않으며 윤리도덕을 파기하였다. 그래서 본서는 육체를 입고 오신 그리스도가 하나님의 아들임을 증명하고(3:14-15), 그 사실을 믿지 않는 자는 적그리스도(4:1-6)라고 보면서 영지주의자들을 강하게 공격하고, 교회가 진리의 터 위에 굳게 설 것을 강조하였다. 그리스도를 통한 하나님과의 사귐만이 바른 그리스도인이 되는 길임을 분명하게 보여준다. 그 사귐은 하나님과 그리스도에 대한 참 지식을 소유하고 그분의 사랑을 받아들여 형제에게 나타내는 것이라고 주장한다.

## 2. 내용 구조와 장별 제목

### 1) 구조

사도 요한이 저자라고 하는 것은 ① 그리스도의 행한 일을 목격한 자라고 하기 때문이다(1:1-4). ② 본서의 표현방식, 사상, 문체, 개념들, 상징, 내용, 주요단어, 주제 등이 요한복음과 매우 유사하다. ③ 여러 외증들이 요한의 저작설을 지지하고 있다(폴리갑의 빌립보 교인들에게 보내는 편지, 이레니우스의 이단론, 오리겐의 서신 등). 기록 연대는 90년과 95년 사이로 보며, 장소는 에베소의 감옥으로 보고 있다.

### 2) 장별 제목

1장 말씀과 하나님과의 교제, 2장 대언자 예수와 교제, 3장 하나님의 자녀와 형제사랑, 4장 사랑의 실천, 5장 승리의 믿음.

## 3. 메시지

(1) 하나님에 대한 참된 지식을 가져라(1:3). 성육신하신 하나님.

(2) 세상과 그 안의 이단을 사랑하지 말고 주님과 사귐을 가져라(2:15, 26).

(3) 이단을 경계하라(3:8-10).

(4) 사랑을 실천하라(4:19-20).

(5) 세상을 이겨라(5:1-5).

# 63 진리를 지켜라(1)

요한2서

(요이 1:1–13) 암송 요이 1:10

"누구든지 이 교훈을 가지지 않고 너희에게 나아가거든 그를 집에 들이지 말고 인사도 하지 말라."

## 1. 서언

신약성경 가운데 24번째 책인 요한이서는 단 1장으로 된 간단한 서신이다. 요한일서와 비슷한 내용을 다루고 있지만 그 내용이 적어서 요한일서의 축소판이라고도 할 수 있다. "장로는 택하심을 입은 부녀와 그 자녀에게 편지한다"라고 시작하여 오직 목양일념이란 목회자의 자세처럼 성도들간의 아름다운 관계를 보여주는 성경이라고 볼 수 있다.

초대 기독교는 유대인의 회당을 통해 일어섰으나 유대교의 배척으로 가정교회가 세워지면서 사역자들이 가정들을 방문하면서 사역을 했다고 볼 수 있다. 이런 순회전도자들이 묵고 여비를 받아 가는 때에 교묘히 이 틈을 타 영지주의가 들어와서 교회를 어지럽게 만들었다. 영지주의자들은 예수가 육으로 오는 것을 부인하는 자들이다. 오직 영적인 그리스도를 주장하는 것이다. 이런 거짓 교사들로부터 교회를 지키기 위해 본서를 기록한 것으로 보인다.

그래서 요한일서와 같이 육체를 입고 오신 그리스도가 하나님의 아들임을 주장하고, 영지주의자들을 강하게 공격하고, 교회가 진리의 터 위에 굳게 설 것을 강조하였다. 그리스도를 통한 하나님과의 사귐만이 바른 그리스도인이 되는 길임을 분명하게 보여 준다. 그 사귐은 하나님과 그리스도에 대한 참 지식을 소유하고 그분의 사랑을 받아들여 형제에게 나타내는 것이라고 주장하는 것이다.

## 2. 내용 구조와 장별 제목

### 1) 구조

사도 요한이 저자라고 하는 것은 ① 성경 속에 나타나는 여러 가지 내증이 있다. 요한일서, 요한복음과 용어, 문학형식, 언어 등에 유사점이 많다. ② 초대 교부들의 여러 가지 예증을 통해서 증거가 된다. 폴리갑이 요한이서 1장 7절을 인용하였으며 그 외에도 이레네우스, 오리겐, 키프리안 등에서 동일한 증거를 보여 주고 있다. AD 95-96년경에 쓰여졌으며 에베소에서 쓴 것으로 여겨진다. 수신자는 소아시아의 모든 교회 택하심을 입은 부녀와 모든 제자들이다.

### 2) 장별 제목

1-3절 인사, 4-11절 사랑의 권고, 4-6절 진리에 행하라, 7-11절 적그리스도를 경계하라는 내용이며, 장별 제목은 1장 진리이다.

## 3. 메시지

요한이서의 기록 목적은 요한일서와 마찬가지로 거짓 교사들로부터 교회를 보호하기 위한 것이다. 거짓 교사들은 '미혹하는 자', '미혹하게 하는 자', '적그리스도'라는 표현으로 지칭하면서 "예수 그리스도께서 육신을 입고 오셨다는 것을 고백하지 않는 자"로 규정하고 있다. 하나님의 말씀은 진리 그 자체이며 순종해야 하는 것을 말하고 있다.

(1) 사랑의 실천 - 때때로 이웃에 대한 사랑을 거부해야 할 때가 있다(6절).

(2) 이단 경고 - 성육신을 부정하는 이단들을 집에 들이지 마라(7절).

(3) 신앙 확립 - 기독론을 확립하고 잘못된 교리를 수용하지 말며 교제도 금하라(10-11절).

# 64 영적인 사람이 되라

## 요한3서

(요삼 1:1-15) 암송 요삼 1:2

"사랑하는 자여 네 영혼이 잘됨 같이 네가 범사에 잘되고 강건하기를 내가 간구하노라."

### 1. 서언

본서가 쓰여질 당시 요한은 소아시아에서 가장 번성하던 도시인 에베소에서 목회하고 있었다. 초대교회들은 대부분 순회전도자들이 돌보고 있었다. 그래서 본서에는 사랑과 손님접대 문제가 나오고 있다.

가이오가 출석하는 교회에 지도자가 디오드레베였는데 대접은 고사하고 순회전도인들이 일도 하지 못하게 하였을 뿐 아니라 내쫓아 버렸다(10절). 요한이 서신을 보냈으나 이를 거절하고 요한의 사도권조차 인정하지 않았다. 그래서 가이오 같은 정말 훌륭한 믿음의 사람과 디오드레베 같은 사람을 대조하여 "사랑하는 자여 악한 것은 본받지 말고 선을 행하는 자는 하나님께 속하고 악을 행하는 자는 하나님을 뵈옵지도 못하였느니라"고 말하고 있다. 주의 종을 대접하는 문제는 그를 보내신 그리스도를 대하는 것과 같다는 것을 성경을 통해 항상 주지하고 있다(마 10:10; 고전 9:9-10; 마 25:45).

## 2. 내용 구조와 장별 제목

### 1) 구조

사도 요한이 저자라는 사실은 의심할 여지가 없다. 1절의 장로는 저술 당시 교회의 연장자였던 사도 요한을 가리킨다. 요한2서와 3서는 진리에 포인트를 두고 있다. 요한3서는 진리의 사람들을 교회마저도 환대하지 않고 있다는 것을 지적하고 있다. AD 95-96년경에 쓰여졌으며 에베소에서 쓴 것으로 보고 있다.

가이오가 있는 교회에 문제가 제기되었으므로 즉시 방문하여 고쳐 주고 싶었으나 여의치 못하고 편지를 써서 전달한 것으로 추정된다. 이 서신은 구체적으로 수신자가 정확하다. 가이오란 이름은 성경에 다섯 번 나오는데 바울의 3차 전도여행 때 동행한 마케도니아 가이오, 더베 사람 가이오(행 20:4), 고린도 전도시 만나 세례를 베풀었던 가이오(고전 1:14), 바울의 식주인 가이오(롬 16:23), 요한 3서의 수신자 가이오가 있다.

### 2) 장별 제목

1-4절 인사, 5-8절 가이오 칭찬, 9-10절 디오드레베 책망, 11-12절 데메드리오 칭찬, 13-15절 결언.

## 3. 메시지

(1) 영적인 사람이 되라(1:2).

(2) 주의 종을 후대하라 - 교만하지 마라(1:8).

(3) 대접하라 - 위임권위자에 대한 대접은 주님을 대접한 것과 동일한 복이 있다.

축복의 통로가 막히지 않게 하라 : 그리스도, 교회, 말씀, 기도, 주의 종, 십일조, 주일성수, 나눔과 섬김, 예배, 위임권위자(주의 종, 부모, 상사, 이웃 등).

# 65 진리를 지켜라(2)

## 유다서

(유 1:17-25) 암송 유 1:21

"하나님의 사랑 안에서 자신을 지키며 영생에 이르도록 우리 주 예수 그리스도의 긍휼을 기다리라."

### 1. 서언

신약성경 가운데 26번째 책으로, 서신의 형태로 되어 있으며, 서두에 저자와 수신자가 언급되어 있다. 개별적으로 교회에 보낸 서신이라기보다는 오히려 이단자들을 공격하고 성도들을 권면하는 설교문으로 보는 것이 적합하다. 이단문제를 중점적으로 다루었으며 외경의 모세승천기와 에녹서를 다룬 흔적도 나타난다고 보고 있다.

당시의 이단은 영지주의자였는데 19절에서 그들을 '육적으로 사는 자들' 이라고 말하고 있다. 이들은 구원을 빙자하여 육체적 방종을 일삼는 도덕 폐기론자들이었다. 이들은 육신의 세상은 멸시하면서도 자신들의 육체는 육신적 방탕에 내던져지는 것에 대해 조금도

구애받지 않았다. 이런 부도덕에 빠진 자들이 교회에 나타나 교회를 어지럽히므로 강한 어조로 이들을 경고하고 있다. 또한 초대교회의 배교자들에 대해 경고하고 자신을 지키라는 교훈과 함께 이단에 대한 심판과 그들의 죄악상을 규탄하고 나아가 그들의 심판을 확증하기 위하여 구약시대의 가인, 소돔 성, 발람의 예를 들어 말하고 있다.

## 2. 내용 구조와 장별 제목

### 1) 구조

저자는 야고보의 형제 유다이다(1:1). 저작 시기는 AD 75-80년경으로 추정되는데 외경을 인용하므로 오랫동안 경전에 속하지 못하다가 4세기경에서야 들어가게 된 것은 주목할 만한 일이다. AD 125년 이후로 말하는 경우도 있으나 사도 요한이 죽기 전임이 분명하다. 본서는 예루살렘에서 기록한 것으로 보는 것이 타당하다고 본다.

### 2) 장별 제목

1-4절 서론, 5-16절 거짓 교사에 대한 규탄, 17-23절 성도에 대한 권면, 24-25절 축도 순으로 기록되었다. 장별 제목은 1장 보호.

## 3. 메시지

(1) 가만히 들어온 자를 분별하여 경계하라(1:16).

(2) 경건한 삶을 지켜라(1:23).

(3) 흠이 없이 주 앞에 서도록 하라(1:24).

# 66 다가올 그 날을 소망하며 세상을 이겨라

## 요한계시록

(계 1:1-8) 암송 계 2:10

"너는 장차 받을 고난을 두려워하지 말라 볼지어다 마귀가 장차 너희 가운데에서 몇 사람을 옥에 던져 시험을 받게 하리니 너희가 십 일 동안 환난을 받으리라 네가 죽도록 충성하라 그리하면 내가 생명의 관을 네게 주리라."

### 1. 서언

신약성경 가운데 27번째 끝으로 나오는 요한계시록은 옛날에는 묵시록이라고 불렀다. 환상 및 불가사의한 환상 및 짐승들이 이해하기 어려운 예언 형식으로 나타나고, 해석이 어려운 비유가 나오는가 하면 문학 형태도 복잡하고 다르게 나타나므로 해석이 가장 어려운 성경으로 보고 있다. 해석이 잘못되면 이단이나 사이비로 추락할 수 있으므로 극히 경계하여 아예 취급하지 않거나 너무 심취하여 이단 사이비가 속출하게 만드는 성경이기도 하다.

## 2. 내용 구조와 장별 제목

### 1) 구조

저자 요한은 세베대의 아들이었으며 사도였던 요한이다. 요한 저작설을 부인하는 학자들도 많이 있으나 저자 이름이 4회에 걸쳐 분명하게 나타나고 많은 외증들이 이를 뒷받침한다. 90-95년경 밧모 섬에서 귀양 중에 기록한 것이며 수신자는 소아시아 일곱 교회이나, 마지막 시대와 환난을 당한 성도들에게 하나님 나라를 소망하며 세상을 이기게 하는 성경이다.

### 2) 장별 제목

1장 계시의 시작, 2-3장 일곱 교회에 보낸 편지, 4장 보좌의 네 생물 24장로, 5장 일곱 인봉 두루마리와 어린양, 6장 일곱 인 재앙, 7장 14만 4천 명, 8장 일곱째 인과 나팔재앙, 9장 5~6나팔 재앙, 10장 두루마리, 11장 두 증인 나팔 재앙, 12장 여자와 용, 13장 두 짐승, 14장 대심판, 어린양과 14만 4천, 15장 일곱 대접 재앙 준비, 16장 일곱 대접, 17장 큰 음녀, 18장 바벨론 멸망, 19장 혼인잔치 재림, 20장 천년왕국 백보좌 심판, 21장 신천지, 22장 생명나무.

## 3. 메시지

(1) 재림을 대망하라(1:7). 구원받은 성도들을 보호하심을 확실히 믿게 하여 예수 그리스도께서 영광 가운데 재림하실 것을 대망하라는 것이다.

(2) 환난에서 승리하라(배교자에게 경고를, 수난자에게 하나님의 보상을 보임).

(3) 하나님의 계획을 알고 증인으로 믿음의 선한 싸움을 싸워라.

판권
소유

성경 66권 메시지와 분해

**한눈으로 보는 성경** 신구약성경 관통

2012년 7월 25일 인쇄
2012년 7월 30일 발행

지은이 | 정봉기
발행인 | 이형규
발행처 | 쿰란출판사

주소 | 서울특별시 종로구 이화동 184-3
TEL | 02-745-1007, 745-1301, 747-1212, 743-1300
영업부 | 02-747-1004, FAX / 02-745-8490
본사평생전화번호 | 0502-756-1004
홈페이지 | http://www.qumran.co.kr
E-mail | qumran@hitel.net
qumran@paran.com
한글인터넷주소 | 쿰란, 쿰란출판사

등록 | 제1-670호(1988.2.27)

책임교열 | 송은주

값 10,000원

ISBN 978-89-6562-317-5 93230